JN119433

［主任論文試験にバッチリ！］

増補版
職場事例で学ぶ

自治体職員 仕事の作法

課題解決

［主任編］

自治体人材育成研究会

公人の友社

はじめに
（本書の活用法）

　本書は『職場事例で学ぶ　自治体職員仕事の作法［主任編］』の増補版です。

　この本は、自治体の中堅職員である主任を対象として、業務を行う上で必要な実践的なスキルについてまとめたものです。

　主任は係において、実務の中心的な役割を担っています。新人職員とは異なり、業務についてある程度精通しており、係の中心になって活動することが求められます。また、係長と一般職員のパイプ役として、係運営を補佐することも求められています。

　このように、どこの自治体でも主任への期待は大きいのですが、主任もしくは主任になろうとする職員からすれば、「一般職員と主任では、具体的に何が違うのか」、「主任として、身に付けるべき具体的技術とは何か」など、意外にわかっていない人が多いことも事実なのです。

　以上を踏まえ、本書は次の点を特徴としています。

1　事例問題に答えることで、実践的スキルを身に付ける

　一般的なビジネス本やマニュアル本では、「○○の時は、こうすべきだ」などのように書かれることが多くあります。しかし、

3

それでは頭になかなか残りません。このため、本書では実際に起こりそうな事例を示し、その対応を考えてもらうことで、主任に必要なスキルや着眼点が身に付くにようにしています。

2　ワークシートを活用することで、今の自分の実力がわかる

　事例の後ろには、ワークシートを掲載しています。すぐに解説を読むのでなく、事例への対応などを実際に書き込むことにより、自分の考えと解説との間にどれだけの違いがあるかがわかります。これを繰り返すことにより、単なる知識でなく、主任としての「勘所」がわかってきます。

3　主任試験における事例論文対策としても有効

　事例問題に答えて、主任としてのスキルや着眼点を身に付けることは、主任試験における事例問題の解答力を養う上でも非常に有効です。現在、こうした事例問題は、現実に即した内容が多く、単なる教科書の勉強だけでは解答することが困難になっています。多くの事例問題に解答することで、応用力も養われていきます。

　皆さんが主任として活躍するため、本書が少しでもお役に立てば幸いです。

目 次

目次

20　テレワーク勤務への対応　

…所長から「このままの状態では、またミスが発生し、住民や事業者に迷惑をかけることになる。テレワーク勤務であっても、きちんと事務を執行できる体制を構築してほしい」との話が、庶務係長とあなたにあった。**あなたは、主任としてどのように対応しますか。**

1　住民からの問い合わせへの対応

事　例

　住民のための文化施設を管理するＡ事業
所には、庶務係と事業係がある。この４月
にあなたは事業係の主任として配属された。
事業係は、当該施設の管理とイベントの推
進が主な事業であり、あなたは自主イベン
トの企画と住民への広報活動の担当となっ
た。

　Ａ事業所では、４月以降、所内全体が各々
の担当業務で忙しく、事業係は外での仕事
が多く、住民の来訪や問い合わせの電話も
頻繁である。そのため、事業係だけでは対

応できず、庶務係が電話に出ることも多い。

　最近、住民から「イベントの関係で、問い合わせ先のA事業所に電話をしたら、いつも事業係の担当がおらず、担当以外の職員の回答は要領を得ない」等の苦情が多発した。そのため、課長である事業所長から「住民からの問い合わせへの対応の業務改善を事業所全体で検討してみてはどうか」との話があったと、事業係長からあなたに伝えられた。

　あなたは主任としてどのように対応しますか。

事例を考える視点

　これから20の事例問題について解説を行っていきますが、ま
ず、皆さんに必ず理解しておいてほしいポイントが4点あります。
これは事例問題を考える際の共通事項ですので、最初にその点に
ついて説明します。

1　事例から読み取れる事実

　1点目は、事例から事実を正確に読み取ることです。事例を考
える際に必要な部分だけを事例から抜き出すことです。事例を考
える際に必要のない文章や設定を省き、重要なポイントだけを搾
り出すことが大事なのです。
　こうした事例問題を考える際に、よく自分の推測で状況を設定
しています人がいますが、それは困ります。事例に書いていない
ことを、勝手に想像して解決策を導いてもそれは事例への対応と
はなりません。あくまで事例の文言から読み取れる事実だけを、
正確に抽出することが大事なのです。
　この事例で言えば、次のように指摘できます。
①事業係は、施設の管理とイベントの推進が主な事業である
②事業係は住民の来訪や問い合わせの電話も頻繁であるが、事業
　係では対応できず、庶務係が電話に出ることも多い

③住民から「いつも事業係の担当がおらず、担当以外の職員の回
　答は要領を得ない」との苦情が多発した
④所長から「住民からの問い合わせへの対応の業務改善を検討す
　るように」と話があった

2　問題点の抽出（解決すべき事項）

　2点目は、「この事例の何が問題なのか？」と問題点を設定す
ることです。事例には必ずトラブルや課題があり、それを解決す
ることが必要です。その問題点を明確にすることが必要なので
す。「そんなの当たり前のことだ！」と思う方もいると思います
が、案外勘違いしている人が多いのです。
　例えば、この事例であれば、何が問題点でしょうか。「住民か
らの問い合わせに答えられないこと」でしょうか、それとも「事
業係の職員が電話に出られないこと」でしょうか。または、それ
以外でしょうか。
　仮に、問題点を「住民からの問い合わせに答えられないこと」
に設定すれば、庶務係職員も含めて対応できるようにすることが
解決策になります。しかし、本当にそうでしょうか。
　庶務係職員からすれば「なぜ、事業係職員の仕事を自分たちが
しなければならないのか？」と疑問に感じてしまうはずです。「事
業係職員の執行体制や仕事のやり方に工夫ができる余地があれ
ば、それを先に検討すべきだ」と庶務係の職員は考えるはずです。
「決められた業務は、決められた担当が行う」ことが組織の基本
ルールです。事業係の非効率な業務体制が原因で、庶務係職員や

住民に迷惑をかけているのであれば、それを改善することが第一であることが言うまでもありません。

　まずは、イベントに関する質問は事業係職員がきちんと答えることが基本なのです。ですから、そうした職員体制を確立することができないのかを検証する必要があります。これがこの事例の問題点です。

　そうした事業係の業務体制を十分見直した上で、それでも住民からの問い合わせに十分対応できない部分があるのであれば、それを改善できるように、庶務係に協力を依頼することとなります。

　事業係主任であるあなたは、事業係長とも相談して、「どの時間に応援を頼むのか」「いつまで庶務係に協力してもらうのか」を明確にする必要があります。その上で、庶務係長に依頼をすることが必要となります。

　以上のように、事例問題を考える場合には、「問題点は何か」をどのように設定するかによって、解決策が異なってきますので、十分注意することが必要です。

3　あるべき職場の姿

　3点目は、あるべき職場の姿です。つまり、事例では何かしらの問題を抱えていますが、それが解決された際、どのような職場になっていることが理想なのか、という視点です。この理想の姿が明確になっていないと、解決の方向性を決めることができません。

例えば、今回の事例で言えば、住民からの問い合わせにきちんと対応できていることとなります。

4　課題解決のため主任が行うこと

4点目は、以上を踏まえ、主任として具体的にどのように行動するか、ということです。事例問題は先に述べたように、必ずトラブルや課題がありますので、それを解決することが必要です。問題を解決し、理想の状態にするまでには、しなければならないことは複数あることが普通です。

例えば、この事例であれば、次のような手順となります。

①事業係の業務体制の見直しを行い、事業係職員が全員不在となる時間をなくすことはできないか検証する

②どうしても事業係全員が不在になってしまう時間帯ができてしまう場合は、庶務係への協力を依頼する

③その場合、協力してもらう内容を明確にする（電話対応のみ依頼する、10月まで協力してもらうなど）

④庶務係職員に協力してもらうための準備を行う（対応マニュアルの作成、説明会の開催など）

⑤このような業務改善の内容で良いか、事業所長に確認する

こうした手順を踏んで行うことが必要となります。もちろん主任としては、勝手にこうした内容を行うのでなく、事業係長とも相談しながら事務を進めていくことは言うまでもありません。

また、この事例では問題が1つしかないのでわかりやすいのですが、例えば、この問題の他に「住民から苦情のメールが多数

寄せられているが、回答に時間がかかっている」、「町会長から事業所に対して申し入れを行いたいと要望がきている」などの新たな問題があるということもあります。

　そうした場合、「何から行うのか」、「どの問題から着手するのか」といった優先順位を付けることが必要となります。この順番を間違えると、時間が余計にかかったり、問題を複雑化させてしまったりすることもあるので、注意が必要となります。この点も主任としては、十分注意しなければなりません。ですから、必ず順番を決めて解決策を実施することが重要となります。

　以上説明したように、今後の事例を考える際には、4点について整理した上で考えるようにしてください。

1　住民からの問い合わせへの対応

2　コミュニケーション

　新規施設の建設を主な目的としたA事業所には庶務係と事業係があり、あなたは4月に事業係の主任として配属された。事業係は、当該新規施設建設の推進が主な業務であり、あなたは所内の連絡調整や住民への説明等の担当となった。

　A事業所では、4月以降、所内全体が各々の担当業務で忙しく、相互連絡等が十分ではない状況が続いていた。そこに、当該事業に反対の意向が強い町内会代表から事業所長に対し、事業に関する苦情が入った。

18

　また、以前にも、事業係の職員が同様の苦
情を受けていたにもかかわらず放置してい
たことが判明した。

　こうしたことから、「このまま所内の相互
連絡や住民とのコミュニケーションが不十
分な状況が続けば、事業が予定通り進まな
くなるおそれがある」という話が事業所長
からあったことを、あなたは事業係長から
伝えられた。

　あなたは主任としてどのように対応しま
すか。

◎事例から読み取れる事実は？

○あなたは何が問題だと思いますか？

□あるべき職場の姿は？

■あなたは主任としてどのように対応しますか？

解　説

(1) 事例から読み取れる事実

　まず、この職場の状態について、事例から読み取れる事実を整理すると、次の4点にまとめられます。

① 4月以降、職員それぞれが担当業務で忙しく相互連絡等が不十分

② 町内会代表から事業所長に苦情が入った

③ その苦情は、以前にも職員が受けていたものだったが、放置されていた

④ 事業所長から事業係長に、コミュニケーションが不十分だと、事業が予定通り進まなくなるおそれがある、という話があった。

(2) 問題点の抽出 (解決すべき事項)

　次に、この事例における問題点とは何でしょうか。

　第一に、最も明白な問題点は「町内会代表が以前に行った苦情が、事業所長に伝えられず放置されていたこと」で、実際に住民に迷惑がかかった内容です。このことを是正することが、第一に着手する内容となります。まずは、住民の苦情をきちんと上司に

伝える、もしくは組織で共有する苦情処理体制の確立が必須となります。

しかし、苦情処理体制の確立だけでは不十分です。この事業所の目的は、新規施設の建設です。そのためには、住民の理解を得ること、住民との円滑なコミュニケーションを図ることが重要です。住民の理解を得ることなく施設の建設を行っては、住民から反対が起こることも予想され、後々問題となってしまいます。そのため、単に苦情処理だけでなく、行政と住民との円滑なコミュニケーションが確立し、住民が施設建設に理解を示してくれるような方策も必要となります。

第二に、住民と行政だけでなく、事業所内のコミュニケーションにも問題があることも課題です。これは、事例にある「4月以降、職員それぞれが担当業務で忙しく相互連絡等が不十分」から読み取ることができます。

この事例では、各職員が担当業務で忙しく相互連絡が不十分ですので、係間の連携はもちろんのこと、係内の連携もできていないことがわかります。このため、係長を中心に、それぞれの係内の相互連絡を行う体制を確立した後、係間の連携を行う仕組みを構築することが求められます。これにより、事業所全体が機能的に活動することが可能となります。

(3) あるべき職場の姿

では、この職場のあるべき姿とはどのようなものでしょうか。

第一に、住民との関係です。まずは、苦情処理体制が確立して

いることが必要です。これは最低限実施することが必要ですが、さらに住民との円滑なコミュニケーションを確立するため、単に苦情処理だけでなく、積極的な取り組みも求められます。新規施設建設のため、住民に広報すると共に、住民の意見をきちんと聴く方策が求められます。

　方法としては、いくつか考えられます。例えば、定期的に意見交換の場を設ける、メールや電話等での相談窓口を設置する、職員が町内会代表を訪問するなど、です。

　第二に、事業所内の体制です。係内で相互連絡が図れるように、定期的に係会を開催したり、意見交換の場を持ったりすれば、係員同士の状況が把握することができます。

　また、事業所全体の相互連絡を活性化するため、定期的に係間、事業所全体の会議を行うことも重要です。お互いの係が何をしているのか、現在どのような状況になっているのか情報交換を行えば、互いの係の状況を理解できます。通常は係長会として、所長とすべての係長で会議を行います。

　さらに、パソコンでデータや職員のスケジュールを共有するなどの職場環境の整備や、事業所全体で勉強会や研修の開催、朝会の実施なども円滑なコミュニケーションの確立には有効です。

(4) 課題解決のため主任が行うこと

　以上を踏まえ、では主任として具体的にどのように行動するのかをまとめてみましょう。主任は事業係長とも相談し、以下のようなことを行います。

①苦情処理体制の確立

　まず、苦情処理体制の確立です。

　具体的には、例えば職員が苦情を受けたときには、その内容（日時・氏名・苦情の内容と対応等）を予め定めたフォーマットに記載し、所定期間内に事業所長までの決裁を受けるようにします。また、共有のフォルダに保存し、全職員で共有します。早急に所長に伝える必要がある場合には、必ず口頭で伝えるような仕組みを構築します。

　これにより苦情を確実に処理できるとともに、全職員が苦情の内容・対応を共有することができます。職員により対応が異なるといった事態も避けることができます。

②住民への広報広聴制度の確立

　次に、住民への広報広聴制度を確立します。

　新規施設建設にあたって住民の理解を得ることは必須です。このため、施設建設の意義や必要性について、ホームページへの掲載、パンフレットの作成などを行うと共に、適宜、住民説明会を開催します。住民説明会開催にあたっては、住民に参加してもらうよう、事前に町会長などの地域の代表者を訪問し、説明会の参加を促します。

　また、住民からの意見を聴く仕組みも確立します。ホームページでの意見募集や、説明会では必ず質疑応答の時間を設け、住民の意見を真摯に聴きます。こうして得られた意見については、丁寧に回答すると共に、ホームページなどで行政としての考え方を公表していきます。

　さらに、必要に応じて、住民団体との意見交換の場を設けるな

ど、住民との円滑なコミュニケーションの場を確保していきます。

③事業所内における円滑なコミュニケーションの確立

　最後に、事業所内の円滑なコミュニケーションを確立します。

　まずは、係内の相互連絡体制を確立するため、定期的に係会を開催します。この中で、職員から業務の状況について報告してもらったり、意見交換を行うことにより、お互いの状況について理解してもらいます。同様に、所長、両係長による会議を開催します。この会議で事業所全体の状況を共有し、課題等がある場合には、適宜対応すると共に、必要な情報は全職員に周知します。

　また、パソコンによるデータ、スケジュール管理を行い、情報を職員全体で共有できる仕組みを確立します。情報を共有することで、認識を共有することができます。

　さらに、勉強会や研修の実施です。ベテラン職員を講師とし、事業所での課題や住民からの意見などへの対応など議題として、事業所全体で課題について検討し、職員の資質向上を図ります。

　これにより、職員全体で円滑なコミュニケーションを確立することができます。

3 円滑な業務推進

あなたは、４月にＡ課の調整係に主任として配属された。調整係は部の事業に関する庁内や他団体との連絡調整、及び一般事業者等への指導が主な業務である。

７月に入り、新制度に関する一般事業者への説明会の１週間前となり、課長が進捗状況について係長に尋ねたところ、担当の係員は説明会の経験がなく、経験のある前任の係員が不在であったため、打合せができず説明会の具体的な内容も決定していな

いことが判明した。

　調整係では、以前にも職員がデータを間違ったまま議会への資料としてしまい、課長が議会で追及されたことがあったということを係長から伝えられた。

　あなたは主任としてどのように対応しますか。

◎事例から読み取れる事実は？

○あなたは何が問題だと思いますか？

□あるべき職場の姿は？

■あなたは主任としてどのように対応しますか？

解　説

(1) 事例から読み取れる事実

　まず、この職場の状態について、事例から読み取れる事実を整理すると、次の4点にまとめられます。

①調整係は庁内や他団体への連絡調整と、一般事業者等への指導が主な業務である

②一般事業者への説明会1週間前に、課長が進捗状況を確認したところ、説明会の具体的な内容が決定していなかった

③その理由は、経験のある職員が不在であったため打合せができていないためであった

④以前にも、調整係では間違った資料を議会に提出してしまい、課長が議会で追及されたことがあった

(2) 問題点の抽出　(解決すべき事項)

　次に、この事例における問題点とは何でしょうか。

　それは「説明会1週間前でありながら、説明会の具体的な内容が決まっていないこと」です。このままでは、説明会を開催しても一般事業者へきちんと説明することはできませんし、そもそも

何を伝えるのかも不明です。早急に行うことは、説明会の具体的な内容を決定することです。事例からは、一般事業者への説明をすることとなっていますが、そのためには、調整係だけでなく庁内や他団体との調整が必要であることがわかります。

　また、この調整係の問題はこの説明会だけではなく、根本的な仕事の進め方に問題があることがわかります。これは、説明会の準備がきちんとできていないことだけでなく、間違ったまま議会に資料を提出したことからも読み取ることができます。

　つまり、調整係には構造的に業務の進め方に問題があることがわかります。きちんと業務の進捗管理が行われていないこと、適切・正確に業務が遂行されていない2つの問題点があります。

(3) あるべき職場の姿

　では、この職場のあるべき姿とはどのようなものでしょうか。
　第一に、各職員が組織目標や業務目的を確実に理解・認識することです。組織にはそれぞれ目標があり、また各業務には目的があります。「なぜその業務を行うのか」を職員が十分に理解していなければ、業務を完遂することはできません。
　「上司がやれと言ったから」「以前からやっているから」という理由だけで業務を行っていては、業務を改善することはもちろんできませんし、事例のように業務が放置されるおそれもあります。
　第二に、組織目標・業務を正確・確実に実行するための手順・方法を確立することです。組織目標や業務目的を職員が十分に理

解していたとしても、何を行えばその目標や目的が達成できるのか、その手順・方法が確立していなければ、達成することは困難です。

また、単に実施すれば良いというものでなく、その目標や目的を確実に達成するためには、正確・確実に行うことが必要です。ミスを防ぐため二重三重にチェックしたり、不測の事態への対応を考えたりと、実施方法にも工夫が必要です。

第三に、適切な進捗管理を行うことです。目標・業務を正確・確実に実施できたとしても、それが期限までに間に合わなければ意味がありません。会議の資料が、会議終了後に完成しても何の意味もありません。

通常は1つの係でも、複数の業務を同時に行っていますので、それぞれの業務について確実に進捗管理を行うことが必要です。一般には、係長が係全体の業務管理を行いますが、共有のパソコンのファイルに進捗状況を掲載する、係会で進捗状況を報告しあうなど、係全員で状況を確認することができます。

(4) 課題解決のため主任が行うこと

以上を踏まえ、では主任として具体的にどのように行動するのかをまとめてみましょう。主任は調整係長とも相談し、以下のようなことを行います。

①説明会の具体的内容の決定

まず、説明会の具体的内容の決定を行うことが早期に実施すべきことです。説明会まで1週間しかありませんが、一般事業者へ

説明する内容をまとめ、わかりやすい資料等を作成する必要があります。そのためには、庁内や他団体との調整が必要であれば、早急に実施する必要があります。

　また、説明会の内容と共に、誰がどのように説明するかということも決定する必要があります。担当の係員に説明会の経験がないということですが、急いで前任から引き継いでもらう必要があります。

②係目標と役割分担の確認

　次に、係目標と役割分担の確認です。説明会の準備は緊急に対応する必要がありますが、調整係の各職員は、係目標と役割分担を認識していないという根本的な問題があります。このため、係会を開催し、もう一度、係目標を確認するとともに、その実現のため、各職員が何をしなければならないかを確認します。

　ミスを防ぎ、業務を正確・確実に完遂するため、業務そのものを主担当と副担当のペア体制にして、複数のチェック体制を確立します。また、資料作成などは、必ず複数で確認するようにします。

③業務の進捗管理

　最後に、業務の進捗管理を行います。

　まず、定期的に係会を開催します。この中で、職員から業務の状況について報告し、業務の進捗状況について全職員で理解するようにします。係会では、業務の進行状況などを表にして職員への資料とし、一目でわかるように工夫します。

　進捗状況に問題がある場合には、応援体制を作るなど、確実に業務が遂行できるよう体制を整備します。これにより、確実に業務の進捗管理を行っていきます。

4 業務改善

　あなたは、4月に管理係と相談係の2つ
の係からなる事業所に、管理係の主任とし
て配属された。相談係では、豊富な知識・
経験に基づき業務処理を担ってきたベテラ
ン職員が減少する中、ノウハウの継承が十
分になされていない状況にある。事業所の
業務改善は管理係が担当し、あなたはその
担当者となった。4月以降、相談者から「相
談係の回答は要領を得ない」等の苦情が多
発し、相談係がその対応に追われるだけで
なく、管理係の業務にも支障が出てきてい

る。そのため、事業所長から「業務改善を
事業所全体で検討してみてはどうか」との
話が、管理係長とあなたにあった。

　あなたは主任としてどのように対応しま
すか。

◎事例から読み取れる事実は？

○あなたは何が問題だと思いますか？

□あるべき職場の姿は？

■あなたは主任としてどのように対応しますか？

解　説

(1) 事例から読み取れる事実

　まず、この職場の状態について、事例から読み取れる事実を整理すると、次の4点にまとめられます。
①相談係では、経験豊富なベテラン職員が減少し、ノウハウの継承が十分でない
②相談者から「相談係の回答は要領を得ない」等の苦情が多発している
③相談係は苦情対応に追われるとともに、管理係の業務にも支障が出ている
③事業所長から管理係長とあなたに、業務改善を検討するように話があった

(2) 問題点の抽出（解決すべき事項）

　次に、この事例における問題点とは何でしょうか。
　まず、相談係が相談者に十分対応できていない点です。それは「苦情が多発」との文言から読み取ることができます。また、その原因は「豊富な知識・経験に基づき業務処理を担ってきたベテラン職員が減少する中、ノウハウの継承が十分になされていな

い」ということもわかります。

　また、相談係の業務執行が不十分な点が、管理係の業務にも影響を与えていることも問題です。これは、相談係がきちんと相談者に対応できていないことから、新たな問題を引き起こしているとも言えます。

　以上をまとめると、「相談係職員のノウハウ継承が不十分」→「相談者からの苦情が多発」→「管理係の業務にも支障」という「原因→結果」の関係を読み取ることができます。

(3) あるべき職場の姿

　では、この職場のあるべき姿とはどのようなものでしょうか。

　第一に、相談係の職員がきちんと相談者に対応できていることです。相談者のニーズに十分に応えることができれば、相談者からの苦情を減らすこともできますし、管理係へ支障を与えることも避けることができます。

　ただ、この事例ではあなたは管理係の主任ですので、問題のある相談係に対してどのように行動するかは注意が必要です。当然のことながら、管理係の主任が相談係に行って「相談係の業務体制には問題があるので、次のように改善してください」と指示するのは違和感があります。いくら業務改善担当とは言え、管理係長、相談係長と十分相談の上、対応することが重要です。この点を踏まえて回答することがこの事例では、重要となります。

　第二に、管理係と相談係の連携体制の構築です。事例を読む限りでは、相談係の問題さえ解決すれば良いように思えますが、事

業所長は「業務改善を事業所全体で検討すること」を指示しています。つまり、単に相談係だけの問題に限定せず、事業所全体の問題として考えているのです。

相談係のベテラン職員が減少しているのは事実ですから、それを覆すことはできません。このため、相談係職員が相談者に十分対応できるように、管理係がフォローする体制を構築したり、または相談係と管理係の役割分担を見直したりなど、いくつかの方法が考えられます。

どのような連携体制を構築すれば、相談係にとっても、管理係にとっても現在よりも良い体制になるのか、十分検討することが必要です。

(4) 課題解決のため主任が行うこと

以上を踏まえ、では主任として具体的にどのように行動するのかをまとめてみましょう。主任は管理係長とも相談した上で、相談係長にも協力を仰ぎながら、以下の内容を実施していきます。

①両係による問題点と解決策の共有

まずは、主任としては管理係長に話し、早急に相談係長や相談係のベテラン職員を含めた会議を開催します。この中で、相談係職員が十分に相談に対応できていないことや、管理係の業務にも支障が出ている現実について認識を共有します。相談係と管理係では、問題意識が異なる場合もありますので、お互いが問題点を共有することが重要となります。

　また、併せて今後どのような解決策を実施することが必要なの
か、についても認識を共有することが重要です。大きなポイント
としては、経験の少ない相談係職員を早期に育成することが重要
ですので、勉強会や研修の実施などの機会を設けることも有効で
す。また、マニュアルの作成、相談内容のデータベース化によ
る「見える化」など、職場環境の整備を行うことも想定できます。
この場合、相談係だけでなく管理係がどのようにフォローするか
も大事となります。

　さらに、管理係と相談係の役割分担についても検討し、相談係
が相談者への対応に専念できるような体制を構築します。

②解決策の実施と進捗管理

　次に、①で決めた解決策を全職員へ周知徹底するとともに、き
ちんと進捗管理を行うことです。せっかく両係長で解決策を共有
しても、その内容が職員に徹底されなければ意味がありません。
そのため、各係長はそれぞれ係会を開き、それぞれの係員に解決
策を周知します。

　それぞれの職員についても問題意識が異なることが想定され
ますから、きちんと問題を共有し、解決策の意義等について十分
理解することが必要です。

　また、先に決定した勉強会・研修の実施、マニュアル作成、デー
タベース化などについてきちんと進捗管理を行い、遅延が見られ
る場合にはフォローするなどの対応が必要となります。

③両係による連絡会議の定期的な開催

　②を実施することにより、相談係の相談体制が向上することが期待できます。ただ、これは実施すれば良いということでなく、継続的に両係でそれぞれの係の状況について、きちんと把握することが重要です。このため、連絡会議を定期的に開催し、常に問題を共有しておくことが需要です。

　なお、これまでの内容では「相談者への対応が不十分」というマイナスの状態を通常の状態にしたに過ぎません。今後は、さらに業務改善が進むように検討することが重要となります。具体的には、相談者の利便を図るため、よくある質問をホームページに掲載したり、パンフレットを作成するなどについて検討します。

5　町会との調整

　あなたは、4月に調整係と業務係の2つ
の係からなる事業所に、調整係の主任とし
て配属された。事業所は、本年10月に開所
10周年の記念イベントを、地元の町会と共
催で開催する予定である。イベントの内容
の立案は業務係が担当し、町会との調整は
調整係が担当している。

　あなたは町会との調整の担当者となった。
イベントの準備は本年1月から進めている
ものの、業務係との情報共有がなされず準
備が遅れ、このままでは半年後の開催に間

46

に合わない可能性が出てきた。

　あなたは主任としてどのように対応しますか。

◎事例から読み取れる事実は？

○あなたは何が問題だと思いますか？

□あるべき職場の姿は？

■あなたは主任としてどのように対応しますか？

解　説

(1) 事例から読み取れる事実

　まず、この職場の状態について、事例から読み取れる事実を整理すると、次の3点にまとめられます。

① 10月に、事業所開所10周年の記念イベントを地元町会と共催で開催する

② 業務係はイベントの内容の立案を、調整係は町会との調整を担当し、主任はその町会との調整担当である

③ 業務係との情報共有がなされず準備が遅れ、半年後の開催に間に合わない可能性が出てきた

(2) 問題点の抽出（解決すべき事項）

　次に、この事例における問題点を整理します。

　まず、町会との調整ができずイベント開催に間に合わない可能性があることです。事例では、イベントの内容は業務係が立案することとなっていますが、イベントの立案自体ができていないかは記載されていません。あくまで、業務係との情報共有がなされていないため、町会との調整ができていないとなっています。

　このため、調整係と業務係できちんと情報共有を行い、町会と

調整を行うことが最も重要です。

　次に、イベント実施までの間の進捗管理です。先に指摘した事業所内の情報共有ができ、町会との調整ができたとしても、イベント開催までにはまだ日数はあります。このため、進捗管理を行い、事業所内はもちろんのこと、町会との調整についてもイベント実施まで確実に行っていくことが必要となります。業務係と調整係との連携体制の構築という事業所内の問題とともに、調整係と町会との問題でもあります。

　以上、2点を確実に行い、イベントを成功させる必要があります。

(3) あるべき職場の姿

　では、この職場のあるべき姿とはどのようなものでしょうか。

　第一には、調整係と業務係の連携体制が構築できていることです。イベントの内容が確定した上で、両係が役割分担に基づいて事業を行っていくことが求められます。また、調整係は町会との連絡を担っていますので、適宜、その状況を業務係に伝え、事業所全体が情報共有することが重要です。

　もちろん、町会から問題提起や疑問が出された場合には、事業所全体で検討し、対応します。イベントはあくまで町会との共催となっていますので、事業所だけですべてが決定できるわけではありません。イベント実施までの間、両係がきちんと役割を果たすことが求められます。

　第二に、事業所と町会との情報共有、意見交換等が円滑に行わ

れていることです。先に示したイベントの内容や事業所の役割などを明確にした上で、町会には必要な情報を適宜伝える必要があります。その際、町会代表者に伝えれば良いのか、定期的な会議の場を設定するかは、その時の状況によりますが、いずれにしてもスムーズに情報交換等ができる状態が必要です。

　また、町会からも意見が出されたり、提案されたりすることもあるでしょうから、そうした町会の意向を十分に把握することも必要です。一方的に事業所の意向を伝えるだけでは不十分です。

　さらに、お互いの役割分担をきちんと認識した上で、スケジュール管理を行うことも必要となります。内容を決定しても、役割が果たされなければイベント開催に支障が出てしまいます。

(4) 課題解決のため主任が行うこと

　以上を踏まえ、では主任として具体的にどのように行動するのかをまとめてみましょう。主任は調整係長とも相談した上で、以下の内容を実施していきます。

①業務係と調整係との会議開催

　まずは、早急に業務係と調整係による会議を開催します。イベント開催までに決定すべきことは何か、各係の役割分担、町会との調整事項、イベント実施までのスケジュール管理などについて検討します。これにより、イベント開催までに両係がそれぞれ何をしなければならないかが明確になります。仮にイベントの内容が決まっていない場合には、早急に内容を決定します。

　また、この会議では、今後どのようにして業務係と調整係の連携体制を構築するのかについても決定します。具体的には、定期的に会議を開催して情報交換を行います。また、イベント開催までの課題については掲示板に張り出したり、共有のパソコンフォルダ内にファイルを作成したりして、全職員で認識を共有できる環境を整備します。

②町会との調整

　次に、町会との調整を行います。①の会議により、町会への伝達事項を明確にすることができますので、その情報を伝えます。また、イベント開催までに、事業所と町会の役割やスケジュールについても確認して、認識を共有します。

　また、町会からの意向や疑問等があれば、その意向を十分に把握します。その結果、事業所で検討する必要があったり、事業所の役割を変更する必要があったりする場合には、事業所に持ち帰り両係で協議を行います。

　さらに、今後、定期的に事業所と町会で情報交換ができる会議を設定します。その中で、お互いの状況について確認するともに、何か問題が発生した場合には協議を行います。

③イベント開催までの進捗管理

　①と②を実施した後は、イベント開催までに確実に進捗管理を行っていきます。事業所、町会がそれぞれの役割を確実に行い、スケジュール管理を行っていきます。途中で不測の事態が発生したり、何か問題が発生した場合にも対応できるよう、スケジュー

ルにはある程度の余裕を持たせます。

　また、その進捗状況については、①・②で設定した会議の場で、両係・町会が確認し、関係者全員が認識を共有できるようにします。これにより、確実にイベントを実施していきます。

6 効率的・効果的な会議

　あなたは、4月に庶務係と事業係の2つ
の係からなる事業所に、庶務係の主任とし
て配属された。

　庶務係では、定期的に毎週1回係会を実
施している。係長が司会を行い、連絡事項
などを伝えているが、最近はマンネリになっ
ている。連絡事項が特にない場合は、係会
を中止してしまうこともある。また、事業
係では係会そのものを廃止していた。

　また、所内会議では、庶務係と事業係の
それぞれの係長と主任が出席して、情報交

換を行っている。しかし、この会議も形骸化しており、特に意見交換もなされず、スケジュール確認だけということも多い。

　ある日、この所内会議で所長から「最近、係会も所内会議も有効に活用されていない。効率的・効果的な会議となるように検討してほしい」と庶務係長とあなたに話があった。

　あなたは主任としてどのように対応しますか。

◎事例から読み取れる事実は？

○あなたは何が問題だと思いますか？

□あるべき職場の姿は？

■あなたは主任としてどのように対応しますか？

解　説

(1) 事例から読み取れる事実

まず、この職場の状態について、事例から読み取れる事実を整理すると、次の4点にまとめられます。

① 庶務係では係会を実施しているが、マンネリ化している

② 事業係では係会を廃止した

③ 所内会議も形骸化しており、スケジュール確認に留まることが多い

④ 所長から、効率的・効果的な会議となるよう検討してほしいとの話があった

(2) 問題点の抽出 (解決すべき事項)

次に、この事例における問題点ですが、これは会議が効率的・効果的に実施されていないことです。各係会、所内会議のいずれについても共通であり、効率的・効果的な会議となるように工夫しなければなりません。

ところで、なぜこのような非効率な会議になってしまうのか、その理由を考えることがまず必要です。

第一に、会議の内容そのものです。単にスケジュールの確認や

決定事項を伝えるだけであれば、資料を回覧したり、掲示板に張り出したりするだけで十分です。単なる一方的なお知らせだけでは、会議を行う意味はありません。これでは、会議を行っていても形骸化してしまい、会議の欠席者が多くなり、いずれ廃止となってしまう可能性があります。

　第二に、会議のやり方、進行方法です。会議を活性化するためには、進行にも工夫が必要です。例えば、係会で毎回係長が司会を行っていれば、職員はただ聞いているだけの「受け身」の姿勢になってしまいます。これでは、職員に主体的に参加しようという意識は起きなくなってしまいます。

　また、会議の時間が一定でなかったり、参加しにくい時間帯の会議では、職員の業務に影響がでてしまいます。このような会議が続くと、結局、職員は参加しなくなってしまうので注意が必要です。反対に、いくら職員同士の議論が活発になったからと言っても、1時間も2時間も係会を実施していては効率的な会議とは言えません。

　第三に、会議開催までの準備での工夫です。例えば、当日いきなり分厚い資料を渡され説明されることがあります。しかし、そのような大量の文書をその場で理解し、判断しろというのは無理があります。

　また、資料についても、形式がバラバラだったり、会議のたびに書式が異なっていたりしては、参加者にとって不親切というものです。参加者がスムーズに意見交換できるように、そうした資料にも配慮することが必要です。

　効率的・効果的な会議を開催するためには、以上のような問題

点を解決することが必要となります。

(3) あるべき職場の姿

　では、この職場のあるべき姿とはどのようなものでしょうか。つまりは、効率的・効果的な会議とはどのようなものでしょうか。

　第一に、議題の設定です。係会ではスケジュールの確認、決定事項の伝達などの定例的なものも当然ありますが、それだけでは一方的なものになってしまうおそれがあります。ですので、例えば、係で懸案となっている事項、研修参加職員による報告などを議題に加えておくと、単なるお知らせだけでなく意見交換ができるような会議となります。参加者が意見交換できるような議題の設定が必要です。

　第二に、職員が意見交換できる会議の運営方法とすることです。例えば、司会を輪番制にする、必ず職員は最低1回発言することとする、毎回全員が業務の進捗について簡単に報告する、毎回別なテーマを決めて順番に発表するなどのルールを定めておくと、会議の形骸化を防ぐことができます。

　第三に、資料や会議時間の工夫です。会議資料は、会議前に配布しておき、会議ではすぐに意見交換ができるようにする、会議の時間は、職員の参加しやすい時間に設定し、業務に配慮して必ず20分以内とする、簡単な議事録を作成し、欠席者にもわかるようにする、などと決めておくと、効率的・効果的な会議には有効となります。

(4) 課題解決のため主任が行うこと

　以上を踏まえ、では主任として具体的にどのように行動するのかをまとめてみましょう。主任は庶務係長、事業係長とも相談し、各係会、所内会議において次のような制度を導入します（事業係では係会を再開させます）。

①伝達事項以外の議題の設定

　議題には、単に参加者に周知するだけの伝達事項以外の内容を取り入れることとし、一方的なお知らせだけの会議になることを避けます。

　例えば、係会であれば、職員による業務の進捗状況の報告、研修参加者からの報告などを、所内会議であれば、係の進捗状況と今後のスケジュール、両係で調整する事項の確認などを議題とします。また、その他にも一般的な行政の課題や、事業にかかる法改正の動向なども議題として、会議の活性化を図ります。

　なお、議題の設定にあたっては、係会であれば係長と、所内会議であれば所長の意向も十分に把握した上で設定します。

②司会に輪番制を導入

　会議活性化のため、特定の職員が司会を行うのでなく、司会を輪番制にします。個々の職員が司会を行うことにより、職員に当事者意識が生まれ、会議に参加する意識を変えることができます。

また、司会はなるべく多くの職員を指名し、発言を促すように
します。できれば、職員は最低1回は発言するようにします。

③会議資料の統一と事前配付、会議時間への配慮

　会議の資料については書式を統一化し、会議のたびに資料がバ
ラバラになるのを避けます。参加者にとって読みやすい資料とな
るように十分配慮します。また、資料は原則として会議前に配布
し、参加者は事前に資料を確認するようにします。

　さらに、会議の時間は参加者の出席しやすい時間とし、できる
だけ30分以内に終了するようにします。

7　係長の補佐

　あなたは、4月に管理係と事業係の2つ
の係からなる事業所に、管理係の主任とし
て配属された。

　管理係は事業所の予算や経理、職員の勤
怠管理などの事業所の庶務担当としての業
務だけでなく、町会や自治会などの地域と
の調整の業務も担っている。今月から管理
係のベテラン職員が体調を崩して休んでい
るが、復帰の目処が不明のため、代替職員
が措置されていない。このため、他の職員

の業務量が増えており、とりわけ係長の負担が大きくなり、1人で残業していることも多くなっている。このため、所長からあなたに「管理係長を上手に補佐してほしい」との話しがあった。

　あなたは主任としてどのように対応しますか。

◎事例から読み取れる事実は？

○あなたは何が問題だと思いますか？

□あるべき職場の姿は？

■あなたは主任としてどのように対応しますか？

解　説

（1）事例から読み取れる事実

　まず、この職場の状態について、事例から読み取れる事実を整理すると、次の４点にまとめられます。

①管理係では庶務担当としての業務以外に、地域との調整も行っている

②管理係のベテラン職員が今月から休んでいるが、代替職員の目処はたっていない

③係長の負担が大きくなり、１人で残業していることも多くなった

④所長から、管理係長を上手に補佐してほしいとの話があった

（2）問題点の抽出（解決すべき事項）

　この事例では、現時点で代替職員を求めることは困難とされていますので、そのことを前提して考える必要があります。例えば、ベテラン職員の復帰までに時間がかかるなどの状況が判明すれば、所長は人事当局に対して代替職員の要求をします。しかし、そこまで状況が明確でない場合は、この事例のように現在いる職員で対応せざるを得ないケースが多いと思います。

　以上を前提に問題点を整理してみましょう。

　第一に、業務分担の問題です。事例を読む限りでは、ベテラン職員の業務を他の職員にも分担しているようですが、特に係長の業務が多いようです。このため、係長1人が残業することが多くなっていることがわかります。業務分担が本当に適切なものか、もう一度検証する必要があります。

　係長は係の業務全般について理解していますが、個々の職員では係の全体像が見えない場合があります。このため、結果として係長1人にしわ寄せがいっている可能性もあります。本当に適切な業務分担なのかを検証する必要があります。

　第二に、業務の効率化の問題です。職員が1人欠けた状態の中で、今までと同じ業務量を処理するためには、業務の効率化が必要となります。業務を実施する中で、どこか効率化すべき点はないか検証することが重要です。

　例えば、地域を訪問する場合はまとめて1日で済ませて出張時間を短縮する、データベース化・ファイルの共有などにより業務の効率化を図る、事務マニュアルを作成しムダな作業を見直す、などが考えられます。

　第三に、業務運営の問題です。事例からは係長1人への負担増が読み取れますが、係長本人から「自分の業務量が多いので、減らしてくれ」とは言いにくいものです。このため、係長を補佐する主任が、係長と職員をつなぐパイプ役として活動することが期待されます。

　例えば、先の業務分担や効率化について、係会の議題として十分議論するようにします。この際、係長と職員のどちらの立場も

十分配慮する必要があります。

(3) あるべき職場の姿

では、この職場のあるべき姿とはどのようなものでしょうか。これは、簡単に言えば、ベテラン職員の抜けた穴を職員全体で上手くフォローできている状態です。事例のように、特定の職員だけが過度な負担をするのでなく、全員でフォローできる状態が望ましいのです。

また、職員のモチベーションにも配慮が必要です。「なぜ休んだ職員の業務を、自分がしなければならないのか?」という不満を抱えたままでは、業務にも支障が出てしまいます。また、仮にベテラン職員が復帰したとしても、そうした不満が残っていれば、今後の係の運営にも問題となってしまうので注意が必要です。

係長としては、限られた職員の中で業務を遂行することが求められるため、自然と自分の負担を多くしてしまう可能性があります。このため、主任としては、上手く係長を補佐することが求められます。

(4) 課題解決のため主任が行うこと

以上を踏まえ、では主任として具体的にどのように行動するのかをまとめてみましょう。主任は管理係長とも相談しながら、以下のことを行います。

①業務分担の見直し

まずは、業務分担の見直しについてです。係長1人が残業している状態を解消する必要があります。このため、早急に係長と話し合いの場を持ち、係長の負担している業務内容の中で他の職員へ分担させることはできないか、業務で見直せる点はないか、などを検証します。

その上で、係会を開催し、主任自らが業務の現状と改善案について説明します。他の職員も係長が残業していることは理解しているはずですから、各職員も意見を持っている可能性もあります。そのため係会の中で、こうした業務分担の見直しについて積極的に話合い、業務の見直しを行います。

②業務効率化の検証

次に、業務効率化の検証です。人員が1人不足している状態で、これまでと同じ業務量を行うのですから、今までと同じ方法では時間がかかってしまいます。このため、パソコンの活用、事務マニュアルの作成などを行い、業務の効率化を行います。

この際も、主任が独断で行うのではなく、係会などで積極的に主任から提案を行い、職員の意見を集約します。多くの意見が出された場合には、活発に意見交換を行い、効率化の方法を選択していきます。職員全員が理解して、業務の効率化を行うことが理想です。

なお、どうしても管理係だけで対応できない場合、業務の一部を事業係に依頼するという方法も考えられます。

③コミュニケーションの活性化

　最後に、コミュニケーションの活性化です。ベテラン職員の不在という緊急事態に対応するためには、職員のモチベーションが重要となります。「なぜあの人が休んでいるのに、自分がその穴を埋めなければならないのか」と不満に感じているようでは、円滑な係の運営にとってはマイナスになってしまいます。また、ベテラン職員が復帰した後にも、禍根が残ってしまいます。

　先の係会などを通じて、主任は職員と積極的に意見交換を行うともに、普段の業務などでも積極的に職員とコミュニケーションを図ることが求められます。こうして主任としては円滑に係が運営できるように、係長を補佐していきます。

8 後輩の指導と人材育成

　X課には庶務係と相談係があり、あなたはこの4月に相談係の主任として配属された。相談係では住民から相談を受けるのが主な業務となっているが、単に自分の課の事業だけでなく、広く法律や他の施策についても理解することが求められた。

　5月に入り、ようやく業務の全体像が見え始めた頃、課長に呼び出された。課長は「相談係長とも話し合ったのだが、君に同じ相談係のA君の指導をしてもらいたい。A君

は今年入庁したばかりで、4月は研修のためほとんど職場にいなかったが、5月から本格的な業務に就く。相談係の業務は広い知識が必要となるが、A君にはまだ学生気分が抜けきらない感じがあるので、できるだけ早く即戦力となるようにしっかり指導してもらいたい。なお、君が指導役となることは、A君には既に伝えてある」とあなたに話した。

　あなたは主任としてどのように対応しますか。

◎事例から読み取れる事実は？

○あなたは何が問題だと思いますか？

□あるべき職場の姿は？

■あなたは主任としてどのように対応しますか？

解　説

(1) 事例から読み取れる事実

まず、この職場の状態について、事例から読み取れる事実を整理すると、次の４点にまとめられます。

①相談係は住民から相談を受けるのが主な業務となっているが、広い知識を必要とされる

②５月に、課長から新人職員のＡ君を指導するように言われた

③４月、Ａ君は研修のためほとんど職場におらず、５月から本格的に業務に就く

④課長から、Ａ君は学生気分が抜けておらず、即戦力となるようにしっかり指導してもらいたいとの話があった

(2) 問題点の抽出 (解決すべき事項)

次に、この事例における問題点ですが、これはきちんとＡ君が即戦力となるようにきちんと指導することです。では具体的にどのようなことを教えることが必要でしょうか。

第一に、社会人・組織人としてのルールです。課長からは「Ａ君は学生気分が抜け切れていない」とわざわざ指摘しています。このことから、社会人・組織人としてのマナーなどもきちんと理

解していないことが読み取れます。

　第二に、相談係職員としての必要な知識やノウハウです。相談係の職務は住民の相談に対応することですから、住民が質問しても答えることができない職員では困ります。最低限の知識はもちろんのこと、他法他施策についても、十分理解させることが必要となります。

　特に、課長からは短期間で即戦力となるように求められていますので、場当たり的な対応でなく、きちんと計画的に指導することが必要となります。

　第三に、自己啓発です。主任がA君に相談係職員として必要な知識を教えることは当然のことです。しかし、単に業務知識だけでなく、A君が自ら学んでいくよう、自己啓発を促すような取り組みも検討すべきです。

　主任はA君とは異なり複数の職場を経験していることが多いので、そうした経験を伝えたり、業務知識だけでなく広く行政一般や社会状況などについても自ら学ぶ姿勢を伝えていくことも大事となります。

(3) あるべき職場の姿

　では、この職場のあるべき姿とはどのようなものでしょうか。これは、A君がきちんと相談係職員として自立していることであり、即戦力となっていることです。

　これは、社会人・組織人としてのルールはもちろんのこと、相談係職員として住民の相談に対応することができる知識とノウ

ハウを習得していることです。他の職員の手助けなく、自分一人で業務を行うことができれば即戦力になったと言えます。

(4) 課題解決のため主任が行うこと

　以上を踏まえ、では主任として具体的にどのように行動するのかをまとめてみましょう。主任は相談係長とも相談し、以下のようなことを行います。

①ＯＪＴの実施
　まずは、ＯＪＴの実施です。Ａ君は５月から本格的に業務を行うため、まだ業務についてはまだ十分には理解していません。このため、主任が指導役となり、Ａ君に指導を行います。具体的には、実際に業務をしながら、１つ１つ指導を行っていきます。具体的には、まずは自分が行って模範を示し、その後Ａ君自身にやらせてみて、その結果を検証していきます。できなかった点や理解していない点を十分本人に理解させ、納得させることが重要となります。
　また、業務に必要な知識やもちろんのこと、住民への接遇、文書や資料の作成方法、挨拶、いわゆる報連相（報告、連絡、相談）など、社会人・組織人として必要なルールについても教えていきます。

②相談体制の確立
　次に、相談体制を確立することです。Ａ君と話し合う時間をき

ちんと確保して、Ａ君が気軽に相談できる体制をつくることです。住民との相談中であれば、二人で十分に話すということは困難となります。このため、別途時間を確保して、Ａ君の思いや考えも十分に把握し、お互いの意見交換をすることが大事となります。

　単に一方的に教えるだけでは、Ａ君の理解度も不明となりますし、Ａ君自身がどのように考えているのかもわかりません。本人がどのように考え、どのような思いでいるのかも十分に把握した上で、指導を行っていくことが、円滑なコミュニケーションの観点からも重要となります。

　また、特にできるだけ短期間に即戦力になることが求められているため、「いつまでに、何ができるようにするのか」といった期間と目標を明確に設定し、主任とＡ君とで認識を共有していくことも重要です。

　さらに、こうした状況については、相談係長にも適宜報告をして、アドバイスを受けていきます。

③自己啓発の促進

　また、自己啓発を促進することも重要です。本人の性格や興味に応じて、本人の能力が十分発揮できることが今後にとっては大事です。もちろん、性格や興味に関係なく、必ず理解させることもありますが、広く本人の能力を伸ばすためには、そうした特性を十分理解しておくことが必要です。

　例えば、今後のキャリアプランや異動先なども考慮して、自己啓発として何かの勉強を今のうちからしておくことも考えられ

ます。先輩である主任としては、Ａ君の能力開発に有効と思われることについては、持っている知識や経験を活用していきます。

9　文書の整理

事　例

　Ａ事業所には庶務係と事業係があり、あなたはこの４月に庶務係の主任として配属された。庶務係では地域との調整も行っており、定期的に地区割りの会議を開催している。そうした会議には、原則としてすべての庶務係職員が出席しているが、毎回資料が多いために個々の職員も保存に苦慮している。また、事業係の分も含め、過去の文書や資料も事業所内に無造作に積み上げられている状態となっている。このため、「文

書や資料の整理・保存について、見直す必要があるのではないか」という話が、所長から庶務係長とあなたにあった。

　あなたは主任としてどのように対応しますか。

◎事例から読み取れる事実は？

○あなたは何が問題だと思いますか？

□あるべき職場の姿は？

■あなたは主任としてどのように対応しますか？

(1) 事例から読み取れる事実

　まず、この職場の状態について、事例から読み取れる事実を整理すると、次の3点にまとめられます。

①庶務係は定期的に地区割りの会議を行っているが、庶務係職員全員が出席しており、資料の保存に苦慮している

②事業係の分も含め、過去の文書や資料も事業所内に無造作に積み上げられている

③所長から、文書や資料の整理・保存について見直す必要があるのでは、という話が庶務係長とあなたにあった

(2) 問題点の抽出　(解決すべき事項)

　次に、この事例における問題点ですが、これは文書・資料の保存・整理についてルール化ができていないことにあります。「何を、どの程度、どの期間、どこに、どのように」保存するのかというルールです。

　通常、文書の保存については文書管理規則などで規定されていますが、事例の資料のように明確に決められていないものもあります。しかし、そうした資料等をすべて廃棄してしまっては、業

務に支障が出てしまいます。このため、先のようなルールを定めておく必要があります。その内容として、次のような視点があります。

・何を……文書として保存するものは何か、廃棄するものは何かを区別しておく

・どの程度……事例のように、同じ資料を職員全員が各自所有しておく必要は通常はありませんので、書類を共有して誰でも活用できるように工夫します

・どの期間……保存期間は規定されているものありますが、特に規定のない場合は職場単位で定めておく必要があります

・どこに……書庫のスペース、担当者のキャビネットだけでなく、文書をスキャンして電子ファイルとしてパソコン内に保存する場合もあります

・どのように……文書の保存にあたっては、文書保存箱に入れておき保存年限を経過したらそのまま廃棄する、また先のように電子ファイルという形態もあります

　なお、このルールについては職場によって異なります。それは扱う文書や資料が異なるということもありますが、執務スペースの大きさが異なることから、どの程度を実際の文書や資料として保存できるのかが異なるからです。

　また、以上のような文書・資料の整理・保存のルール化を行う場合には、どのように行えば業務の効率化に資するかという視点も重要です。いくらきちんと整理されていても、職員としては使いにくい、資料を探すのに手間がかかる、職員には理解が難しい整理方法となっているのでは困ります。職員全員がこうしたルー

ルを理解し、日常の業務に活用できることが大事です。

さらに執務環境という視点も重要です。いくら文書の保存といっても、非常階段に文書保存箱が積み上げられたりしていては、防災上も問題です。また、地震が発生した際に、上から文書や資料が落下してくるようでも困ります。

(3) あるべき職場の姿

では、この職場のあるべき姿とはどのようなものでしょうか。

第一に、文書・資料の保存・整理のルール化ができていることです。「何を、どの程度、どの期間、どこに、どのように」保存するのかというルールを定め、職員全員が理解し、実施することが必要です。せっかくルールを定めたとしても、職員がそれを実施しないのでは意味がありません。共有した資料などは、誰もが活用できることが必要です。

第二に、文書・資料の保存・整理のルール化が、職員の業務の効率化に役立っていることです。例えば、必要な資料を電子ファイル化して共有フォルダに収納しておけば、誰もがいつでも閲覧することが可能となります。また、資料の共有化によって、職場全体の保存資料を減らすことができれば、執務スペースも広がり、職員の業務上も有効となります。

第三に、快適な執務環境の実現です。文書・資料が整理されていれば、職員の動線を確保できたり、地震発生時における書類落下による怪我などを避けることができたりします。

(4) 課題解決のため主任が行うこと

　以上を踏まえ、では主任として具体的にどのように行動するのかをまとめてみましょう。主任は庶務係長とも相談し、以下のようなことを行います。

①文書・資料の保存・整理のルール化

　まず、文書・資料の保存・整理のルール化を行います。「何を、どの程度、どの期間、どこに、どのように」保存するのかというルールを定めます。係長だけなく、実務担当者である職員の意見も聞きながらルール化を図ります。当然のことながら、文書管理規則などの規定にも注意するとともに、職員の業務効率化といった視点も考慮します。また保存については、防災上の視点なども考慮し、執務環境といった視点にも注意します。

　さらに、このルール化については、庶務係だけでなく、事業係の文書等についても行い、事業所全体で実施します。

②職員への周知徹底

　次に、職員への周知徹底です。上記のルール化を行った後は、必要に応じて説明会などを開催し、職員へ周知します。疑問等にも丁寧に対応し、職員全員が決めたルールを実施するようにします。

　また、キャビネットの移動や、電子ファイル化、共有フォルダによる保存などについては、他の職員の協力を得ながら実施して

いきます。

③ルールの検証と改善

　また、ルールの内容を実施した後、一定の時間経過の後は、ルール化の内容について検証します。職員の意見を聞き、不具合な点がある場合には改善を行います。また、庶務係と事業係合同の会議を開催し、意見交換を行い、改善点について協議を行います。

10 住民からのクレーム対応

　A事業所はスポーツ施設を管理する職場であり、庶務係と事業係がある。あなたはこの４月に庶務係の主任として配属された。事業係が住民からのスポーツ施設利用の申請を受け付け、庶務係が承認を行い、そして事業係から利用承認通知を発送している。

　ある日、住民から「先日、申請書を提出したが、その返事が来ていない。どうなっているのか」といった苦情の電話が寄せられた。調べたところ、事業係から申請書を受け取った庶務係の職員が申請書を放置し

てしまい、処理していないことが判明した。

あなたは、その旨を住民に説明したところ、「以前にも同様のことがあった。Ａ事業所はどういう仕事をしているのか！」と怒り始めた。

　その翌日、その住民が窓口に訪れ、「一体どういうつもりだ！」と大声で苦情を言い始めた。職員がなだめたが、まったく止めようとはしない。

　あなたは主任としてどのように対応しますか。

◎事例から読み取れる事実は？

○あなたは何が問題だと思いますか？

□あるべき職場の姿は？

■あなたは主任としてどのように対応しますか？

(1) 事例から読み取れる事実

　まず、この職場の状態について、事例から読み取れる事実を整理すると、次の4点にまとめられます。

①事業係が住民からのスポーツ施設利用の申請を受け付け、庶務係が承認を行い、そして事業係から利用承認通知を発送している

②ある日、住民から申請書を提出したが返事がないとの電話があった

③調べたところ、庶務係の職員が申請書を放置していたことが判明し、その旨を説明したところ怒り始めた

④その翌日、住民が窓口に訪れ、大声で苦情を言い始めた

(2) 問題点の抽出（解決すべき事項）

　次に、この事例における問題点です。

　第一に、迷惑をかけてしまった住民への対応についてです。一度だけでなく二度も、申請書を放置してしまっています。電話だけでなく、実際に来庁していますから、住民の不満はかなり募っています。きちんとクレームに対応することが求められていま

す。

　第二に、再発防止策の検討です。同じミスを繰り返すことは、明らかに事業所の事務処理としては問題があります。このようなミスが二度と起きないように、対応する必要があります。

(3) あるべき職場の姿

　では、この職場のあるべき姿とはどのようなものでしょうか。

　第一に、住民への丁寧な接遇です。事業所としてミスを起こしてしまったことは事実であり、それを取り消すことはできません。迷惑をかけた住民にきちんと説明し、丁寧に対応することが求められます。住民の理解を得ることが必要です。

　第二に、円滑な事務事業の実施です。スポーツ施設を利用したい住民に対して、滞りなく事務処理ができるように事業所全体が運営されていることが必要です。

(4) 課題解決のため主任が行うこと

　以上を踏まえ、では主任として具体的にどのように行動するのかをまとめてみましょう。主任は庶務係長とも相談し、以下のようなことを行います。

①住民への対応
　まずは、住民への対応です。窓口で大声でクレームを言っている住民であっても、事業所のミスで迷惑をかけたことは事実です

から、それを謝罪し理解を得ることが必要となります。

　ただ、窓口で大声を上げていては他の住民等の迷惑にもなりますので、会議室などに案内して、話し合える場を確保します。なお、このような場合は、主任1人が対応するのでなく、係長に同席してもらうなど複数の職員による対応とします。

　住民に対しては、まずはきちんと謝罪するとともに、なぜこのようなことが起こったのか、再発防止策について検討することなどを説明します。住民の理解が得られるように、真摯かつ丁寧に説明を行います。

　これで住民が理解してくれば良いのですが、場合によってはそれでも理解されないこともあります。こうした場合には、係長の判断もありますが、所長にも同席してもらうこともあります。

②再発防止策の検討

　次に、再発防止策の検討です。今回の事例では、事業係で申請受付→庶務係で利用承認→事業係で承認通知の発送、というように両係がこの事務に関係しています。

　このため、事業係で受け付けた申請の中で、一定期間、承認されないものについては、事業係から庶務係に確認することが可能となります。また、申請を受け付けた時点で、共有のファイルに年月日等を記録しておき、両係で確認することができるシステムを構築できれば、お互いで確認をすることができます。

　このようにミスをなくす方法としては、いくつか考えられますが、どの方法が良いのかは両係で検討することが有効です。場合によっては、書面と電子ファイルのダブルチェックということも

考えられます。

③職場全体で業務のあり方や接遇についての検討

　次に、このミスを事例として、職員全体で業務のあり方や接遇などについて検討することです。今回の事例については、主任による住民への対応、再発防止策の検討を行えば、一定の対応をしたことになります。しかし、大事なことは、この失敗を職員全体で共有して、業務のあり方や接遇の見直しのきっかけとすることです。ミスをした職員の犯人探しをすることではありません。

　このミスを契機として、事務のあり方などを見直し、住民サービス向上につなげることが求められます。

11 係長と職員のパイプ役

事　例

　A課は部の庶務担当課であり、管理係と事業係がある。あなたはこの4月に管理係の主任として配属された。管理係は、予算、経理、勤怠管理などの庶務一般の事務に加え、独自の事業も行っており、業務量が多く超過勤務も恒常的になっている。

　しかし、管理係長は面倒見の良い人で、事業係で何か問題があると、積極的に手伝っているようである。このため、管理係の職員からは「ただでさえ忙しいのに、係長は事業係の仕事まで手伝っていて、困ったも

のだ」と不満を漏らしている者もいる。そうした雰囲気は係長には伝わっていないが、このままでは係の運営に支障が出る可能性もある。

　あなたは主任としてどのように対応しますか。

◎事例から読み取れる事実は？

○あなたは何が問題だと思いますか？

□あるべき職場の姿は？

■あなたは主任としてどのように対応しますか？

解　説

(1) 事例から読み取れる事実

　まず、この職場の状態について、事例から読み取れる事実を整理すると、次の4点にまとめられます。

①管理係は、庶務担当に加え独自の事業も行っており、超過勤務が恒常的になっている

②管理係長は、事業係で何か問題があると積極的に手伝っているらしい

③管理係の職員には、そうした係長の様子に不満を漏らしている者もいる

④このままでは係の運営に支障が出る可能性がある

(2) 問題点の抽出 (解決すべき事項)

　次に、この事例における問題点です。

　第一に、係長が事業係の業務を積極的に手伝っている点です。事例には、「管理係長は面倒見の良い人で、事業係で何か問題があると、積極的に手伝っているようである」と記されていますが、これは管理係長としての業務と言えるかどうかは疑義があります。

　この事例を読む限りでは、「管理係長は、管理係の業務に関係のない事業係の業務を手伝っている」のか「庶務担当係長として、事業係の業務を手伝っているのか」は判明しません。主任としては、まずこの点について係長に確認する必要があります。

　主任としては、係長と職員の間に分裂ができそうな気配を感じているのですから、その点を係長に伝えて、係長の行動の真意について明確にすることが求められます。

　第二に、係長と職員との間に溝ができている点です。主任の役割の1つとして、「係長と職員のパイプ役になること」があります。係が円滑に運営されるように、主任には係長と職員との間をうまく調整することを期待されています。

　このため、先の係長の行動の真意を確かめた上で、その溝を埋めることが期待されます。係長が個人的に事業係の手伝いをしていて、職員の間に不満が起きているのであれば、行動を改めてもらう必要があります。反対に、係長の行っていることは、庶務担当係長として必要なもので、そのことが職員に理解されていないのであれば、職員に理解してもらう必要があります。

　いずれにしても、主任としては、係長と職員との間に生まれている溝を埋めることが求められています。

　第三に、超過勤務が恒常的となっている実態です。この事例では、「業務量が多く、超過勤務も恒常的になっている」となっていますが、本当に必要な超過勤務なのか、業務の効率化を行って超過勤務を縮減することはできないのか検証が必要です。

　特に、超過勤務が恒常的になっている職場では、惰性やマンネリで残業をしているケースが少なくありません。主任としては、

係長を補佐しながら、超過勤務の縮減に向けて行動する必要があります。

(3) あるべき職場の姿

では、この職場のあるべき姿とはどのようなものでしょうか。

第一に、係長と職員との間に溝がないことです。係全体で納得して業務に従事していることが求められます。職員が係長の行動を不審に思っていては、「なぜ、係長は事業係の業務に従事しているのに、自分たちは残業しなければならないのか」と思ってしまいます。

第二に、超過勤務縮減に向けた取り組みを行っていることです。いきなり超過勤務をなくすことは不可能かもしれませんが、少しでも減らす努力は必要です。職場全体が忙しい中で、そうした取り組みを行うのは難しい面もありますが、このまま放置して良いものではありません。係全体で、超過勤務縮減に向けて取り組むことが求められます。

(4) 課題解決のため主任が行うこと

以上を踏まえ、では主任として具体的にどのように行動するのかをまとめてみましょう。

①管理係長の意向の確認

第一に、管理係長の意向を確認することです。まず、管理係長

に「係長が事業係の業務を手伝っていることについて、職員から不満が出ていること」を伝え、その意向を確かめます。単に個人的に手伝っているのであれば、管理係の業務が忙しい中、そうした行動は職員の不満につながることを説明します。反対に、その業務が庶務担当係長としては必要な業務であるならば、その点を明確に職員に伝える必要があることを説明します。

　いずれにしても、現状は職員の間に不満があることを理解してもらい、それを解消するために何を行うべきか、係長と主任との間で認識を共有することが必要となります。

②係長と職員の溝を埋める

　第二に、係長と職員の溝を埋めることです。先の係長との話し合いにより、解決の方向性を見出すことができれば、その方向性に沿って解決に向けた取り組みを行います。個人的に係長が事業係の業務を手伝っており、今後はそうしたことを止めるのであれば、そのことを職員に伝えます。また、係長が行っていることが必要な業務であれば、その点を職員に理解してもらう必要があります。係長1人が行っている業務内容は、周囲の職員にはよくわからないことがありますので、職員の間に誤解があればこれを解消することが必要です。

　これにより、係長と職員との間にできている溝を埋めることができます。

③超過勤務縮減に向けた取り組み

　第三に、超過勤務縮減に向けた取り組みを行うことです。恒常

的になっている超過勤務についても見直すことが必要です。係会などで議題として取り上げ、事務マニュアルの作成、業務手順の見直し、パソコンによる業務の効率化などについて検討します。最初から「残業は減らせない」とあきらめてしまうと、残業はマンネリ化してしまい、減らすことは困難となります。職員全体で「残業を減らそう」と意識することが必要です。

また、業務の効率化以外でも、週に1回は超過勤務をしないなどのメリハリをつけることにより、職員のストレスを低減させることもできます。職員のメンタルヘルスの観点も考慮して、超過勤務縮減に向けた取り組みを行います。

12 プロジェクトチーム

　A事業所には管理係と事業係があり、あなたは4月に管理係の主任として配属された。管理係は事業所全般の庶務を、事業係は住民へのサービス提供を主な業務としている。

　ある日、事業所長が両係長とあなたを呼び、「先日、地域の会合に出席したところ、複数の住民から『事業所のサービス内容がわかりにくい。ホームページも管理係と事業係で構成などが違って見づらく、またサービスについて事業所に電話してもなかなか

要領を得ない』との意見があった。このた
め、両係の若手職員でプロジェクトチーム
を編成し、広報のあり方などを検討してほ
しい。プロジェクトチームのリーダーは主
任にやってもらいたい」と言った。
　あなたは主任としてどのように対応しま
すか。

◎事例から読み取れる事実は？

○あなたは何が問題だと思いますか？

□あるべき職場の姿は？

■あなたは主任としてどのように対応しますか？

解　説

(1) 事例から読み取れる事実

　まず、この職場の状態について、事例から読み取れる事実を整理すると、次の4点にまとめられます。

① A事業所は管理係と事業係があり、管理係は事業所全般の庶務を、事業係は住民へのサービス提供を主な業務としている

② 事業所長が両係長と主任を呼び、「住民から事業所のサービス内容がわかりにくいとの意見があった」と告げられた

③ このため若手職員でプロジェクトチームを編成して、広報のあり方等について検討するよう話があった

④ プロジェクトチームのリーダーは主任が行うこととなった

(2) 問題点の抽出 (解決すべき事項)

　次に、この事例における問題点です。

　第一に、問題の把握です。住民からは、サービスの内容がわかりにくい、ホームページが見づらい、電話も要領を得ないなどの意見が出ています。このため、何が問題なのかをきちんと把握することが必要となります。あくまで住民から問題点を指摘されていますので、住民の視点で考えることが必要です。

　もちろん、行政内部からも問題点を指摘できると思いますが、住民としてはどのような点に不便を感じているのか、をきちんと把握することが必要となります。この問題点を的確に把握できないと、解決策の内容が本来の住民ニーズから外れたものになってしまうので注意が必要です。

　第二に、解決策の検討・実施です。問題点を把握した後は、解決策を検討し、実施します。若手職員によるプロジェクトチームですので、縦割りを避け、前例踏襲とならないように取り組むことが求められます。

　また、解決策を決定したら、職員全員が実施することも重要です。例えば、事例では住民が電話しても要領を得ないとの苦情が出ています。これに対し、例えばマニュアルなどで統一化を図り、住民にとってわかりやすい説明をすることが必要となります。この場合、ある職員は実施して、別の職員は実施しないのでは困ります。事業所の職員全体での取り組みが必要です。

　第三に、解決策の検証です。解決策を検討し、それを実施したとしても、それが最善かどうかは不明です。一定期間の後、再び住民の意見を聞くなどして、解決策の検証を行うことが必要です。これにより精度の高い内容を提供することが可能となります。

　そこで、再び改善が必要な点があれば、プロジェクトチームで検証します。

(3) あるべき職場の姿

　では、この職場のあるべき姿とはどのようなものでしょうか。
これは、住民にとってサービスがわかりやすく示されることで
す。具体的には、ホームページなどの広報のあり方、住民へのわ
かりやすい説明などが求められています。
　また、住民の意見を聞く広聴のあり方についても検討が必要と
なります。所長が会合で住民から意見を聞き、そこで今回の問題
が判明しています。こうした住民から意見を出しやすい環境を整
備することも求められます。

(4) 課題解決のため主任が行うこと

　以上を踏まえ、では主任として具体的にどのように行動するの
かをまとめてみましょう。

①プロジェクトチームの編成
　第一に、プロジェクトチームの編成です。管理係と事業係の若
手職員により編成することとなっています。メンバーの選択にあ
たっては、両係長による推薦や自薦など、いくつかの方法が考え
られますが、早期にメンバーを決定する必要があります。
　なお、このプロジェクトチーム編成にあたっては、単にメン
バーを集めれば良いということでなく、「いつまでに、何をする
のか」という、時期と目的を明確にすることも必要です。プロジェ

クトチームの目的や使命については、当然のことながら、適宜、事業所長や両係長に報告し、状況を説明することが必要です。メンバーが1年かけてじっくり検討するつもりだったのに対し、所長は3ヶ月以内でやってほしいと思っているなどのズレを生まないことが求められます。

②問題点の洗い出し

　第二に、問題点の洗い出しです。今回は住民からの意見でいくつかの問題点が提起されています。改善すべき点としては、①ホームページの内容、②電話での応対、③サービスなどの周知のあり方・広報のあり方、などが指摘されています。こうした改善すべき点を洗い出し、整理することが必要となります。もちろん、プロジェクトチームが検討する中で、これ以外にも問題点が上がってくることもありえます。

　なお、問題点の洗い出しにあたっては、住民目線で考えることが必要です。場合によっては、意見を述べた住民にヒアリングを行ったり、広くホームページで意見募集をしたり、住民アンケートを行ったりすることも考えられます。どのような方法を実施すれば、より正確に問題点を洗い出すことができるか、十分検討します。

③解決策の検討、実施、検証

　第三に解決策の検討、実施、検証です。以上の問題点の洗い出しが終了したら、解決策をまとめ実施することが必要です。事例から想定できるものとして、ホームページの改善、住民対応マ

ニュアルの作成、事業周知のパンフレットやチラシの作成などがあります。また、単に広報だけでなく、広聴の充実として、ホームページに意見募集の機能を持たせる、サービスに関する説明会の開催なども想定できます。

　また、解決策は一度実施すれば終わりでなく、一定期間実施した後、その解決策を検証することも必要です。その中で更なる改善点があれば、それを実施します。

　なお、プロジェクトチームは所長の命によって編成されています。このため、目的を達成して解散するにあたっても、所長の判断が必要となります。この点からも、プロジェクトチームの活動については、適宜所長や両係長に報告することが求められます。

13 住民目線

事例

　A事業所には管理係と相談係があり、あなたは4月に相談係の主任として配属された。相談係では、住民からの相談を経た上で、住民に応じたサービスを提供している。

　しかし、最近、住民から「相談係職員の説明は、専門用語などを使ってわかりにくい」、「職員の説明を時間かけて聞かないと、サービスの内容が判明しない」、「サービス内容が縦割りで、住民にとっては使いにくい制度となっている」などの意見が寄せられた。

　このため、事業所長が両係長とあなたを呼び、「こうした意見が多数来ているので、これを契機に住民目線でのサービス提供について、主任を中心に検討してほしい」という話があった。

　あなたは主任としてどのように対応しますか。

◎事例から読み取れる事実は？

○あなたは何が問題だと思いますか？

□あるべき職場の姿は？

■あなたは主任としてどのように対応しますか？

解　説

(1) 事例から読み取れる事実

まず、この職場の状態について、事例から読み取れる事実を整理すると、次の3点にまとめられます。

①相談係では住民の相談を経た上で、サービスの提供を行っている

②最近、住民から「職員の説明がわかりにくい」、「サービスの内容がわかりにくい」、「住民にとって使いにくい制度となっている」などの苦情が寄せられた

③このため、所長から住民目線でのサービス提供について、主任を中心に検討してほしいとの話があった

(2) 問題点の抽出（解決すべき事項）

次に、この事例における問題点です。

第一に、職員の説明のあり方です。職員が住民に対して説明する際に、専門用語を多用したり、行政視点からの説明では、住民にとっては理解しにくいものとなってしまいます。サービスを受ける側である住民の立場になり、わかりやすい説明とすることが必要です。

　第二に、広報のあり方です。事例では、職員の説明がわかりにくいばかりか、説明を聞いたとしても、なかなかサービスの内容がわかりにくいと指摘されています。つまり、住民に理解してもらうための工夫が不足していますので、広報のあり方が問われています。

　第三に、サービスそのもののあり方についてです。「住民にとって使いにくい制度」と指摘されています。例えば、2つのサービスを受けるため、いちいち書類を書かなければならない、住民要望の高いものについてサービスがなく、要望の低いものに手厚いサービスとなっている、などが想定されます。住民はどのようなサービスを望み、どのようにしたら住民が利用しやすくなるのか、などの検討が必要です。

(3) あるべき職場の姿

　では、この職場のあるべき姿とはどのようなものでしょうか。

　第一には、職員の説明がわかりやすいことです。例えば、今回の指摘を契機として、住民目線に立った説明のあり方について検討します。具体的には、専門用語をなるべく使わない、高齢者などにもわかりやすい説明となるように工夫する、職員により説明が異ならないように事務マニュアルを整備する、説明方法について係会で検討する、などの方法が想定できます。

　第二に、広報の充実です。現在は、なかなか住民にサービス内容が理解されていないようです。その理由は、住民への広報が不十分であることが指摘できます。このため、パンフレットやチラ

シの作成、広報誌への掲載、ホームページの改善、動画の作成、説明会の開催、町会や自治会への訪問とＰＲなど、いくつかの方法が想定できます。

　広報を充実させることができれば、職員の説明も簡略化できますし、そもそも相談に来るという手間も省けるかもしれません。また、よくある質問などについて、パンフレットやホームページに掲載することも効果的です。

　第三に、サービスのあり方の検討です。この検討にはある程度の時間が必要となりますが、そもそも住民にとってどのようなサービスが必要なのかを事業所全体で検討することが必要です。サービスの変更にあたっては、予算や人員も必要なこともあるでしょうから、場合によっては年単位での検討が必要となるかもしれません。サービスの整理統合、廃止や見直し、新規施策の実施など、住民目線に立ったサービスのあり方について検討を行います。

(4) 課題解決のため主任が行うこと

　以上を踏まえ、では主任として具体的にどのように行動するのかをまとめてみましょう。主任は相談係長や管理係長とも相談しながら、以下の点を実施していきます。

①職員の説明のあり方の検討
　第一に、職員の説明のあり方の検討です。これは相談係で検討する内容ですので、係会を開催し、住民への説明のあり方につい

て議論を行います。その中で、住民目線での説明を徹底するため、専門用語をできるだけ使わない、わかりやすい説明をした事務マニュアルを作成します。このマニュアルを職員全体で共有し、使用することとします。

　これにより、住民目線での説明が可能となるとともに、職員による同一の説明も可能となります。また、併せて接遇についても十分配慮するように注意します。

②広報のあり方の検討

　第二に、広報のあり方の検討です。現在の広報については、住民にとってはわかりにくいものとなっているため、これを改善する必要があります。この点については、相談係だけでなく管理係とも相談していく必要があります。

　具体的な検討事項としては、パンフレットやチラシの作成、広報誌への掲載、ホームページの改善、動画の作成、説明会の開催、町会や自治会への訪問とＰＲなどが想定できます。

　業務としては、相談係で相談を受けた上で、住民にサービスを提供しています。しかし、広報を充実させれば、住民がわざわざ相談に来る手間を省けるかもしれませんし、職員にとっても説明する時間を減らすことも可能となります。いかに効果的な広報とするか、管理係と相談係で検討していく必要があります。

③サービスのあり方の検討

　第三に、サービスのあり方の検討です。現在のサービスは住民目線のものとなっておらず、行政視点で住民にとっては使いづら

い制度となっています。このため、住民にとってどのようなサービスにしたら良いのか、事業所全体で検討することが必要です。

　場合によっては、予算や人員も必要になることが予想されますので、両係職員によるプロジェクトチームを編成し、検討を行っていきます。検討結果については、随時所長や係長に報告し、判断を仰ぎます。これにより、住民目線でのサービスとすることができます。

14 接遇

　A課には管理係と調整係があり、あなた
は4月に管理係の主任として配属された。
A課の業務は主に内部管理が中心であり、
住民対応はほとんどない。

　ある日、高齢の住民がA課の窓口に現れ
た。窓口で今年入庁した職員が応対したが、
時折、言い争っているようだった。その住
民が帰り際、大声で、「ここの職員は、住民
に対して何て不親切なんだ！　こちらがわ
からなくて聞いているのに、わからないこ
ちらが悪いような言い方をする」と言い残

して去っていった。他の職員も、ただその様子を見ているだけだった。

　その後、しばらくして管理係長から、「所長が先日の住民対応を問題視しており、職員の接遇について検討してほしいとの話があった」とあなたに語った。

　あなたは主任としてどのように対応しますか。

◎事例から読み取れる事実は？

○あなたは何が問題だと思いますか？

□あるべき職場の姿は？

■あなたは主任としてどのように対応しま
すか？

解　説

(1) 事例から読み取れる事実

　まず、この職場の状態について、事例から読み取れる事実を整理すると、次の4点にまとめられます。

①A課の業務は主に内部管理であり、住民対応はほとんどない

②ある日、高齢の住民が窓口に来て、新人職員が対応した

③住民は、新人職員の対応に苦情を言い残して帰っていった

④所長から管理係長に、職員の接遇について検討してほしいとの話があった

(2) 問題点の抽出（解決すべき事項）

　次に、この事例における問題点ですが、これは職員の接遇についてです。事例の職場は内部管理業務が中心で、住民対応の機会が少ないようです。しかし、業務が何であれ、自治体職員にとって住民対応は誰もが身に付けておかねばならない項目の1つです。この接遇の問題点として、以下のような点を指摘できます。

　第一に、接遇の内容が明確になっていないことです。住民対応の多い職場などでは、どのような接遇を行うべきかマニュアルなどで、共通の認識を持っていることがあります。挨拶、言葉遣い、

身だしなみ、窓口環境などです。しかし、対応した新人職員だけでなく、他の職員にもそうした認識はないようです。

　住民が窓口に来た時にはどうするか、どのように説明するのか、服装など、いろいろとチェックポイントを指摘できます。接遇として何をしなければならないのか、職員全体で共通の認識を持つことが必要です。

　第二に、職員に周知徹底されていないことです。接遇の内容について職員に共通の理解がないため仕方のないことですが、接遇は職員が実施しなければ意味がありません。いくら頭で理解していても、実施しなければ住民には伝わりません。

　職員に接遇を徹底させるためには、接遇研修に参加したり、係会で確認したりなど、方法としてはいくつか想定できます。職場の実態にあった形で実施することが求められます。

　第三に、組織としての取り組みがなされていない点です。先に述べたように、接遇については自治体職員にとっては必ず身に付けるべき事項です。仮に住民対応が少ない職場でも、電話対応や身だしなみなど、注意すべき点はいくつかあるはずです。課長や係長などの管理・監督層が一般職員に対して目を光らせるというものでなく、組織全体全体で取り組むことが求められます。

　また、1回マニュアルを作成し、職員に周知すれば終了というものでなく、きちんと接遇ができているか定期的に検証することが必要です。

(3) あるべき職場の姿

　では、この職場のあるべき姿とはどのようなものでしょうか。これは、すべての職員が接遇として何をしなければならないかを認識し、かつ実践していることです。また、例えば職員の異動があったとしても、常に職場として、接遇を実現できる体制が整備されていることです。

　これにより、組織としてどの職員も接遇を実践することが可能となります。

(4) 課題解決のため主任が行うこと

　以上を踏まえ、では主任として具体的にどのように行動するのかをまとめてみましょう。

①プロジェクトチームの編成

　第一に、プロジェクトチームの編成です。所長の命を受けて職場の接遇について検討するため、職場全体で取り組むことが必要です。このため、両係長に相談の上、両係職員によるプロジェクトチームを編成します。この中で、職員の接遇の現状、マニュアルの作成、職員への周知方法などについて意見交換を行います。また、両係長や所長に「いつまでに、何を行うのか」を報告し、了承を得ます。

②接遇マニュアルの作成

　第二に、接遇マニュアルの作成です。一人ひとりの職員が接遇として何をしなければならないかをまとめた接遇マニュアルを、プロジェクトチームで作成します。作成にあたっては人事担当部局や他自治体の例なども参考にして、職場の実態に即した使いやすいマニュアルとなるように工夫します。

　マニュアルの内容としては、挨拶、言葉遣い、敬語の使い方、身だしなみ、窓口などの職場環境などを内容とします。プロジェクトチームで意見交換を行うと共に、職員へのアンケートなども実施しながら職員全体でマニュアルを作成していきます。

③職員への周知徹底と検証

　第三に、職員への周知徹底と検証です。マニュアル作成後は、全職員への周知を行います。マニュアルの説明会を開催し、全職員に理解してもらうと同時に、各係会でも議論をしてもらいます。また、外部講師を招き、接遇に関する研修会も実施します。

　次に、マニュアルの内容が実践できているかどうかについてチェックできる体制を整えます。具体的には、両係長に相談し、定期的に評価してもらい検証を行います。定期的に接遇について検証を行うことにより、職員の実践状況を確認していきます。

　さらに、マニュアルの内容については、その後の実践状況を踏まえながら、検証していきます。両係長や所長の意見も聞きながら、必要に応じて修正を行っていきます。

15 事業の見直し

　A事業所はスポーツ施設の管理運営を
行っており、管理係と事業係がある。あな
たは4月に事業係の主任として配属された。
事業係では、住民対象のイベントや各種ス
ポーツ教室の企画・運営を行っている。

　昨年、事業所の近くに民間スポーツ施設
がオープンしたことから、今年に入り、イ
ベントやスポーツ教室の参加者数が大きく
減少した。このため、事業所長が事業係長
とあなたを呼び、「イベントやスポーツ教室
の参加者数が減っているので、事業の見直

しが必要だ。来年度の予算要求までに内容
をまとめてくれ」と語った。
　あなたは主任としてどのように対応しま
すか。

◎事例から読み取れる事実は？

○あなたは何が問題だと思いますか？

□あるべき職場の姿は？

■あなたは主任としてどのように対応しますか？

解　説

(1) 事例から読み取れる事実

　まず、この職場の状態について、事例から読み取れる事実を整理すると、次の３点にまとめられます。

①Ａ事業所はスポーツ施設の管理運営を行っており、事業係では、住民対象のイベントや各種スポーツ教室の企画・運営を行っている

②昨年、事業所の近くに民間スポーツ施設がオープンし、事業所の参加者数が大きく減少した

③所長から、来年度の予算要求までに事業の見直し案をまとめるように話があった

(2) 問題点の抽出 (解決すべき事項)

　次に、この事例における問題点ですが、これはＡ事業所の事業の見直しを行うことです。Ａ事業所の目的は、住民の健康増進や体力向上であり、そのための事業を行うことにあります。

　民間スポーツ施設が事業所近くにオープンために利用者数が減少したとありますから、多くの住民が民間施設の利用に変更したことがわかります。つまり、住民のニーズに対し民間施設の方

がより的確に応えているということがわかります。

　それでは、今後Ａ事業所が行うべきことは何でしょうか。もちろん、民間スポーツ施設から利用者を引き戻すことではありません。民間施設と同じ事業をより低額でＡ事業所が実施したら、民業圧迫となってしまいます。

　そうではなく、例えばこれまでＡ事業所でも実施していない、新たな事業を実施して、これまで利用していない住民の健康増進や体力向上に資する事業を行ったりすることです。そうした新たなニーズがないようであれば、事業の廃止、縮小、整理統合ということも考える必要があります。場合によっては、事業所そのものの廃止につながるケースも、実際には想定されます。

(3) あるべき職場の姿

　では、この職場のあるべき姿とはどのようなものでしょうか。これは、Ａ事業所の事業が住民の福祉向上に役立っていることです。具体的にはいくつか考えられます。

　第一に、民間スポーツ施設とは異なる事業を行い、多くの住民が参加していることです。例えば、民間ではあまり実施していない介護予防や寝たきり防止などの福祉的要素を取り込んだ事業を実施して、民間スポーツ施設との間で事業のすみわけを行います。そうすると、行政と民間で実施する事業が異なり、利用者を奪い合うということはなくなります。

　第二に、事業を縮小し、施設貸出の機会を増やします。これまで行っていたイベントやスポーツ教室などの事業を縮小し、施設

の貸出時間を拡大します。そうすれば、地域のスポーツクラブや
ＰＴＡなどの地域の団体が利用できる機会が増え、結果的に住民
の健康増進や体力向上に資することができます。教室の参加者数
は減少したままですが、施設の利用者の増加を見込むことができ
れば、Ａ事業所を利用する人は確保することができます。

　なお、第一、第二のいずれについても費用対効果の視点が求め
られます。民間企業ではありませんので利益を上げることが目的
ではありませんが、どの程度の費用（予算）を投じ、実際にどの
程度の効果があるのかは常に検証が必要です。事業の見直しを
行っても、依然として利用者数が増加しない場合は、施設の廃止
を検討することもあります。

(4) 課題解決のため主任が行うこと

　以上を踏まえ、では主任として具体的にどのように行動するの
かをまとめてみましょう。

① 既存事業の検証
　第一に、既存事業の検証です。具体的には、イベントや各種ス
ポーツ教室の参加者数の推移、アンケート等による利用者意見の
集約などです。民間スポーツ施設がオープンしたことの影響がメ
インとなっていますが、事業全般について、その効果や意義につ
いて検証します。
　費用対効果はもちろんのこと、民間施設との事業対比を行った
り、住民アンケートを集約したりして、既存事業の評価や問題点

を整理します。

②今後の事業のあり方の検討

　第二に、今後の事業のあり方について検討します。既存事業の見直しを行うことにより、事業の問題点を明確にすることができます。そうした問題点を踏まえた上で、事業係全体で事業のあり方を検討します。例えば、既存事業でも実施方法の変更により、利用者増が見込める場合には、実施方法の変更を検討します。

　また、新規事業については、先のアンケートや住民へのヒアリング、事業所に寄せられた意見、他自治体での実施内容、などを参考に検討を行います。

　さらに、事業の廃止、整理統合についても検討します。今後利用者の増加が見込めないものや、事業として一定の役割を終えたものなどは、積極的に事業の廃止等を行っていきます。

③内容の整理と事業所全体での認識の共有

　第三に、以上を踏まえ、予算要求までに内容を整理し、事業所全体で認識を共有します。これまでは、事業係のみで実施してきましたが、予算要求にあたっては、管理係の協力はもちろん、所長の了解を得ることが最終的には必要となります。このことから、事業所全体で共通の認識を得ることが必要となります。

　このため、既存事業の検証と今後の事業のあり方をまとめた後、両係長と所長による会議を行い、内容について了解を得ます。場合によっては、内容の一部修正を行いながら、事業所全体の共通の方向性とし、今後の予算要求に備えます。

16 住民説明会の準備

　A課は住民サービスを提供する業務を
行っており、管理係と調整係がある。4月、
あなたは管理係の主任として配属された。
　A課の事業は、5年間を期間とした計画
を策定し、5年目には次の計画を策定する
ことにしている。新たに計画を策定する際
には、住民、学識経験者、行政による検討
委員会を設置し協議しているが、9月には
中間のまとめが完成した。ある日の検討委
員会で、住民代表から「せっかく中間のま
とめが完成したので、最終の計画をまとめ

るまでの間、広く住民の意見を聞く住民説明会を開催したらどうか」との意見が出され、委員会でも了承された。

　このため、課長が管理係長とあなたを呼び、「住民説明会を開催するため、検討委員会の事務局を行っている管理係で早急に準備をしてほしい」と語った。

　あなたは主任としてどのように対応しますか。

◎事例から読み取れる事実は？

○あなたは何が問題だと思いますか？

□あるべき職場の姿は？

■あなたは主任としてどのように対応しますか？

解　説

(1) 事例から読み取れる事実

　まず、この職場の状態について、事例から読み取れる事実を整理すると、次の4点にまとめられます。

①A課では住民サービスの業務を行っており、5年ごとに事業計画を策定している

②住民、学識経験者、行政による検討委員会で計画を協議している

③中間のまとめが完成したが、最終の計画をまとめるまでに住民説明会を開催することとなった

④課長が管理係長とあなたを呼び、住民説明会の準備をするように指示があった

(2) 問題点の抽出（解決すべき事項）

　次に、この事例における問題点ですが、これは住民説明会の内容を決めて、確実に実施することにあります。なお、住民説明会の開催にあたっては、次の点に注意する必要があります。

・**目的**……住民説明会の目的は広く住民の意見を聞き、その意見を計画に反映させることにあります。このため、単に開催すれ

ば良いというものでなく、きちんと住民に意見を言ってもらう必要があります。このため、アリバイ作りのように開催するのでは意味がりません。「住民説明会を開催しましたが、２人しか出席しませんでした」では住民説明会の目的を達成したことにはなりません。

・**開催回数**……住民説明会の開催にあたっては、１回だけ行うということもありますが、５つの地区に分けて５回行うというようなケースもあります。多ければ良いというものではありませんが、どの程度開催するかは検討が必要です。

・**日時**……住民が参加しやすい日時の設定も必要となります。子育て世帯を対象とした事業計画なのに、日中の昼間に説明会を開催したのでは、意味がありません。対象となる子育て世帯が参加しやすい土日や平日の夜間などが有効です。このように、日時についても注意が必要です。

・**説明方法**……説明は、住民にわかりやすいことが重要です。パンフレットを作成したり、パワーポイントを使って見せたりと工夫が必要です。また、職員の説明も単に説明原稿を読むのでなく、参加者の反応を確かめながら話すことが求められます。

・**参加者の確保**……説明会のお知らせをホームページや広報誌に掲載したとしても、なかなか参加者を集めることが難しい場合があります。例えば、町会や自治会、ＰＴＡなどへの周知、関

係施設での案内の掲示などが有効です。また事例のように、検討委員会に住民代表がいる場合は、そうした人たちの協力を得て参加者を集めることも有効です。さらに、住民が参加しやすくするため、一時保育の実施や参加しやすい場所での開催なども考慮します。

・**質疑応答**……説明会で特に重要なことは、住民から意見を言ってもらうことです。一方的に説明して、「質問はありますか。なければこれで終了します」と、さっさと説明会を終了しては意味がありません。参加者が意見を言いやすい雰囲気作りや、「本日の内容について、どんなことでも構いませんので、何か御意見があれば是非お願いします」のような、司会から参加者へのアプローチも重要となります。

　以上のような点について検討した上で、住民説明会を開催することが必要です。

(3) あるべき職場の姿

　では、この職場のあるべき姿とはどのようなものでしょうか。これは、住民説明会を開催して一定の参加者がおり、中間のまとめについて意見が出ていることです。

　説明会を開催したが参加者がほとんどいない、意見もほとんどないでは、住民説明会を開催した意味がありません。中間のまとめを広く住民に周知し、それについて意見を集めることが重要となります。この事業計画を最終的にまとめるにあたっては、こう

した意見を反映することが必要となります。

　なお、事例からはやや外れますが、広く住民の意見を集めるという意味では、住民説明会開催以外にホームページによる意見募集、パブリックコメントの実施などの方法もあります。

(4) 課題解決のため主任が行うこと

　以上を踏まえ、では主任としては具体的にどのように行動するのかをまとめてみましょう。

①住民説明会の概要の決定

　まず、住民説明会の概要を決定することです。管理係長と主任で、説明会の日時、場所を決定します。計画に関係する住民が参加しやすい日時、場所となるように配慮します。また、説明会の回数は1回だけでなく、地区割りで複数回実施するなど、回数についても検討します。概要の大枠が決まった段階で、課長にも説明して了解を得ます。

　同時に、会場の確保、必要な職員への協力依頼、当日に必要な資料や備品等の準備を行います。

②住民説明会の周知等

　次に、説明会の参加者を確保するため、住民説明会の周知等を行います。ホームページや広報誌への掲載の他、関係する施設等に説明会実施のポスターなどを掲示します。

　また、町会や自治会、関係する地域団体なども訪問し、参加者

を募ります。検討委員会の委員にも協力を得ながら、広く周知を図っていきます。

③説明会での説明方法等の決定

　また、説明会当日までの間、説明方法について十分検討を行います。住民にわかりやすい説明となるよう、パワーポイントの活用や資料の工夫についても係全体で協議を行います。説明の内容についても、ある程度の原稿を準備し、わかりにくい点はないかなどをチェックします。

　また、司会、説明者、会場案内など職員の役割分担も明確にして、準備に漏れがないように注意します。

17 段取り

　A課は部の庶務担当課であり、管理係と調整係がある。4月、あなたは管理係の主任として配属された。管理係は、予算、経理、勤怠管理などの庶務一般の事務に加え、部内の事業調整を行っており、超過勤務も恒常化している。

　9月になり、来年度の予算編成の準備や部内の調整事務で一段と忙しさが増してきた。しかし、そのような中、管理係のベテラン職員が体調を崩し、出勤が困難な状態となった。さらに、今年急遽国の補正予算

が成立し、新たなサービスを今年度中に実施することとなり、管理係が担当することになった。

　このため、課長が管理係長とあなたを呼び、「通常でも忙しい上に、人員も減り、業務が増えてしまっているが、事務に遺漏のないようにしっかりやってほしい」との話があった。

　あなたは主任としてどのように対応しますか。

◎事例から読み取れる事実は？

○あなたは何が問題だと思いますか？

□あるべき職場の姿は？

■あなたは主任としてどのように対応しま
すか？

解　説

(1) 事例から読み取れる事実

　まず、この職場の状態について、事例から読み取れる事実を整理すると、次の4点にまとめられます。

① A課は部の庶務担当課であり、管理係は庶務一般の事務に加え、部内の事業調整を行っており、超過勤務も恒常化している

② 9月になり忙しさが増す中、ベテラン職員が体調を崩し、出勤が困難な状態となった

③ また、新たなサービスを今年度中に実施することとなり、管理係が担当することとなった

④ 課長から、事務に遺漏のないようにしっかりやってほしい、との話があった

(2) 問題点の抽出 (解決すべき事項)

　次に、この事例における問題点ですが、これは与えられた業務を確実に実施することにあります。業務遂行にあたっての段取りが非常に重要となります。ベテラン職員が欠席し、業務が増えている中で、残された職員でどのように行うかが問われています。

この視点について、いくつか考えてみましょう。

　第一に、業務の洗い出しです。いつまでに、何をしなければいけないか、係としての業務をすべて洗い出し、漏れのないようにリストアップを行います。特に、ベテラン職員がいない状態ですので、その職員が担当していた事務、また新たに行うこととなった事務については、事務量が不明瞭ですから、漏れのないように注意する必要があります。

　こうした業務の全体像について、主任がある程度の洗い出しを行い、漏れがないようにします。その後係全体で話し合い、係としての業務について認識を共有することが必要となります。

　第二に、業務内容を分類することです。洗い出したすべての業務については、重要度や事務量に濃淡があるはずです。これらを踏まえて、どのように実施すれば効率的かを考えることが必要です。すべての事務を均等に行っていては、あまり重要でない事務に時間をかけてしまったりして、非効率になってしまいます。

　この際、業務を緊急度と重要度で考えると有効です。この２つの軸で考えると、業務の性質で分類することができます。具体的には、以下のとおりです。

・緊急度が高く、重要度も高い
・緊急度は高いが、重要度は低い
・緊急度は低いが、重要度は高い
・緊急度も低く、重要度も低い

　現在の人員は、通常よりも少ない状態となっていますので、限られたマンパワーをどのように配分するかは重要な視点です。このような視点を職員全体が共有していないと、職員は自分が慣れ

た業務だけに固執していまい、係全体から見れば非能率的ということが起こってしまうので注意が必要です。

第三に、業務の実施方法を決定することです。先の業務の分類が終われば、あとは限られた人員をどのように振り分けを行うのか、誰がいつどのような業務を行うのかを決めます。もちろん、ぎりぎりのスケジュールでは、不測の事態が起こった時に対応が難しくなりますから、ある程度余裕を持たせることが理想です。

この実施方法についても、職員全体で認識を共有しておくことが重要です。個人の能力を最大限発揮することはもちろん重要ですが、組織として係のパフォーマンスを最大限発揮することも必要となります。

(3) あるべき職場の姿

では、この職場のあるべき姿とはどのようなものでしょうか。これは、限られた職員で業務がきちんとできていることです。ただし、事例ではかなり厳しい状況となっていますので、以下の点についても注意が必要です。

第一に、職員のメンタルヘルスです。職員が頑張りすぎて、自分のキャパシティを超えて業務を行い、その職員がつぶれてしまっては意味がありません。係長はもちろんのこと、主任としてもそうした職員の状態について、十分注意する必要があります。日頃、きちんと係内でコミュニケーションが図られていないと、そうした職員の変化にも気がつかなくなります。

第二に、どうしても現在の職員だけでは対応困難な場合です。

どうしても現在の職員では、事務の処理が困難な場合はあります。その際には、代替職員の確保ができれば良いのですが、実際には難しいケースがほとんどだと思います。その際、アルバイトの確保や、他部署へ応援の依頼、入力作業などの業務を一部民間委託する、などについて検討する必要があります。

　第三に、進捗管理です。業務の洗い出し、実施方法について職員全体で認識を共有したとしても、スケジュール通り事業が進捗しなければ意味がありません。確実に進捗管理を行い、事務に遅延がないようにすることが必要です。

(4) 課題解決のため主任が行うこと

　以上を踏まえ、では主任としては具体的にどのように行動するのかをまとめてみましょう。主任は管理係長とも相談して、以下のようなことを実施します。

①業務の洗い出し

　第一に、業務の洗い出しです。まずは、係として何をしなければならないのか、いつまでにしなければならないかを明確にする必要があります。係として業務の全体像を明確にします。ベテラン職員が行っていた業務や新規事業など、事務量やスケジュールが不明確なものも想定されますが、できる限り正確に業務内容を把握します。また、業務については緊急性と重要性で区分し、どの事業から着手するのか順位付けすることも重要となります。

　その上で、係全体でその内容について認識することです。すべ

ての職員が係全体の業務について認識していなければ、機能的に活動することは困難となります。

②業務の実施方法の決定

　第二に、業務の実施方法について決定します。限られた人員の中で、膨大な事務を処理する必要がありますから、職員全員が機能的に活動を行い、最大限のパフォーマンスを発揮することが重要です。ただし、過重な負担とならないよう、職員のメンタルヘルスなどにも配慮が必要となります。

　また、どうしても現行の人員の中で処理が困難な場合は、アルバイトの活用や他部署への応援依頼、一部業務の民間委託などについても検討します。

③業務の進捗管理

　第三に、業務の進捗管理です。業務の洗い出し、実施方法の確定を行えば、あとはスケジュール通りに実施されているかどうか、きちんと進捗管理を行うことが必要です。業務に遅れが見られる場合には、早目に対応することが求められます。

　また、不測の事態の発生などにも対応が求められます。職員一人の作業の遅れが、全体に支障を及ぼしますので、きちんとした業務の進捗管理が重要となります。

18 モラール

事例

　A事業所は文化施設の管理運営を行って
おり、管理係と事業係がある。あなたは４
月に事業係の主任として配属された。事業
係では、住民対象のイベントの企画・運営
を行っている。

　近年、イベントの参加者数はやや減少傾
向にあるものの、特に施設の運営には大き
な問題はない。このため、職場も比較的の
んびりとした雰囲気となっている。

　また、毎年、イベント参加者に対しアン
ケートを実施しているが、「事業が例年同じ

なので、新たなイベントも実施してほしい」という意見が多く寄せられた。係会でこのことが話題になったが、事業係の職員は「新しい事業を企画するのは、手間もかかり大変だ。現在のイベントでも参加者がいるので問題はないのではないか」と新規イベントの企画に消極的である。係会終了後、係長からあなたに「どうも職員のモラールが低下しているようだ」と話があった。

　あなたは主任としてどのように対応しますか。

◎事例から読み取れる事実は？

○あなたは何が問題だと思いますか？

□あるべき職場の姿は？

■あなたは主任としてどのように対応しますか？

解　説

(1) 事例から読み取れる事実

　まず、この職場の状態について、事例から読み取れる事実を整理すると、次の4点にまとめられます。

① A事業所は文化施設の管理運営を行っており、事業係は住民対象のイベントの企画・運営を行っている

② イベントの参加者数はやや減少傾向にあるが、特に施設の運営には大きな問題はなく、このため職場も比較的のんびりとしている

③ イベント参加者のアンケートを見ると、「事業が例年同じなので、新たなイベントも実施してほしい」という意見が多く寄せられた

④ この点について係会で議題となったが、職員は新規イベントの企画に消極的であり、係長から「職員のモラールが低下している」との話があった

(2) 問題点の抽出（解決すべき事項）

次に、この事例における問題点ですが、これは職員のモラール
が低下しており、事業の見直しに消極的なことです。職場に大き
な問題がなく、定例的な業務を実施しているような職場では、事
例のように業務がマンネリとなることがよくあります。こうした
職場では、変化を嫌がる雰囲気ができてしまい、職員のモラール
が低下しています。

しかし、これを放置することは問題です。業務がマンネリ、職
員のモラールも低下といった職場では、的確に住民ニーズに対応
することは困難となりますし、公金横領などの不正の温床となり
ます。職場が活性化しないと形式主義に陥り、硬直的な組織と
なってしまい、成果を出す組織とはなりません。

(3) あるべき職場の姿

では、この職場のあるべき姿とはどのようなものでしょうか。
これは、いくつか考えられます。

第一に、住民ニーズに的確に対応することです。事例では、イ
ベントの参加者数も減少傾向となっていますが、この点について
職員には問題意識はありません。現在、ある程度の参加者数を確
保しているため、あまり職員に危機感がないのです。しかし、こ
れでは住民ニーズへの対応や施設の存在意義といった視点から
は問題です。住民ニーズに応えることができないと、いずれ施設

の存在そのものの意義が問われてしまいます。

　第二に、職場が活性化していることです。「例年と同じことを
やっていれば良い」という職場では、業務がマンネリとなり、形
式主義に陥る可能性が出てきます。係会などで意見交換が活発に
行われ、積極的に住民ニーズに応えようとする職場作りが求めら
れます。

　第三に、職員一人ひとりのモチベーションが高いことです。現
在は変化を嫌がり、マンネリに慣れてしまっています。しかし、
職員が新規事業を自ら企画してイベントが成功すれば、職員は大
きな手応えを感じることができます。それが、また次に事業につ
ながります。単に「決まったことをやれば良い」ではなく、自ら
現状を改善しようとする意識が求められます。

(4) 課題解決のため主任が行うこと

　以上を踏まえ、では主任としては具体的にどのように行動する
のかをまとめてみましょう。主任は管理係長とも相談して、以下
のようなことを実施します。

①現状に対して危機意識を持たせる

　第一に、職員に対し現状を説明し、危機意識を持ってもらうこ
とです。事例では、大きな問題はないように見えますが、イベン
トの参加者数は減少傾向、参加者から新規事業の要望があること
は、新たな兆候です。また、職員のモラールが低く、事業の見直
しに消極的であることは職場の活性化という視点からも問題で

す。

　このため、主任はこうした職場を取り巻く状況について、係会などで職員に説明して危機意識を持ってもらうことが必要です。管理係長も問題意識を持っていますので、係長とも相談しながら、職員に対して現状をきちんと認識してもらいます。

②事業の見直し・検討

　第二に、事業の見直し・検討です。現在実施しているイベントでも、参加者数は減少傾向にありますので、事業の見直しが必要です。「なぜ参加者が減少しているのか」などの現状分析を行い、既存事業について改善の余地があるのか検討します。また、新規事業についても同様に検討します。

　こうした見直し・検討にあたっては、職員それぞれが現在担当している業務について、職員自身から報告をしてもらい、それをもとに係全体で議論を行います。そこで、係全体で事業全般について検討を行います。

③係会の活性化

　第三に、係会の活性化です。職員のモラールを維持向上させるためには、今回の事業の見直しだけでなく、継続的に係運営に役立つ仕組みが必要となります。このため、係会の内容を活性化させます。その時々のテーマを係会の議題としたり、各職員の業務の問題点について議論する時間を確保したりするなどして、係会を活性化し、職員のモラールアップにつなげていきます。

19　本庁との調整

　A局のB事業所は、管内の工場などの事業場の公害規制・指導を主な事業としている。この事業所では、調整係が事業場からの届出の受付や相談業務を行い、環境係が規制・指導を行っている。あなたは調整係の主任として、この4月に配属された。

　B事業所では、法令改正に基づく来年4月の水質規制の新制度に向けて、本庁と連携しながら準備を進めている。本庁では、各事業所の担当者向けの説明会の開催、事業場向けのパンフレットやホームページの作成などを行い、事業所は事業場からの相談を受けるとともに、今後説明会の開催を

検討している。

　新制度実施にあたり、最近になり相談件数が増加している。しかし、それに併せて「パンフレットやホームページがわかりにくい」、「相談しても職員が答えられない」などの苦情も増えてきている。実際に、本庁から示された新制度の説明内容は一般的なもので、事業場からの質問などには対応できず、また、事業所から本庁に問い合わせをしても、なかなか回答が返ってこないこともある。

　こうしたことから、所長から「このままでは事業場が混乱してしまう。本庁との調整を十分に行い、事業場の立場になって対応してほしい」との話が、調整係長とあなたにあった。

　あなたは、主任としてどのように対応しますか。

◎事例から読み取れる事実は？

○あなたは何が問題だと思いますか？

□あるべき職場の姿は？

■あなたは主任としてどのように対応しますか？

解 説

(1) 事例から読み取れる事実

　まず、この職場の状態について、事例から読み取れる事実を整理すると、次の5点にまとめられます。

①法令改正に基づく来年4月の水質規制の新制度に向けて、本庁と連携しながら準備を進めている

②事業所は事業場からの相談を受けるとともに、今後説明会の開催を検討している

③事業場からの相談件数が増加するとともに、苦情も増えている

④本庁から示された新制度の説明内容は一般的なもので、事業場からの質問などには対応できず、また、事業所から本庁に問い合わせをしても、なかなか回答が返ってこないこともある

⑤所長から、本庁との調整を十分に行い、事業場の立場になって対応してほしいとの話があった

(2) 問題点の抽出 (解決すべき事項)

　次に、この事例における問題点は何でしょうか。

　第一に、事業場からの相談に対応できていないことです。事業場が事業所に相談に来ても、職員が適切に回答できないのなら、

事業所はその役割を果たしているとは言えません。これでは、行政に対する信頼を失ってしまう可能性があります。では、なぜ相談に対応できていないのでしょうか。

　その理由としては、本庁から示された新制度の説明内容が一般的なものに留まっていて、事業場からの質問などには対応できていないことが指摘できます。そうすると、本庁だけが悪いように考えてしまいがちです。確かにその一面はありますが、事業所も単に本庁の指示を待つだけでなく、自分たちで広報や説明を工夫するなど、事業場の立場になって行動することもできるはずです。また、事業所の職員の相談スキルの問題もあります。

　第二に、事業所と本庁との連携ができていないことです。事業所から本庁に問い合わせをしても、なかなか回答が返ってこないことは、正にその例です。また、事業所も本庁からの指示を待つだけでなく、Q＆A集を作成して本庁に提案するなど、積極的な働きかけが求められます。

　現在は、事業所へ指示する本庁、本庁からの指示を待つ事業所という上下関係になっていることがわかります。しかし、本来であれば、事業所は事業場からの苦情などを伝え、本庁はそれを受けてホームページを見やすくするなどの改善ができるはずです。両者の間に、有機的な連携体制が構築できていることが望まれます。

　第三に、広報体制が不十分なことです。既に述べたように、パンフレットやホームページの内容が不十分であり、事業場のニーズに応えられていません。これは早急に改善する必要があります。しかし、それだけでは不十分です。

事業場の立場で考えれば、わざわざ事業所に相談に行かなくても、新制度の内容が理解できることが理想です。そうすると、既存の広報媒体だけでなく、動画やチャットボットの活用といったことも考えられます。また、相談についても、わざわざ来所するのでなく、コールセンターやWEBで相談することができれば、事業者の負担も軽減できます。

(3) あるべき職場の姿

　では、この職場のあるべき姿とはどのようなものでしょうか。
　第一に、事業場からの相談に十分に応えられることです。新制度実施に向けて、事業場が持つ疑問に対して、的確に回答できることが事業所の大きな役割です。しかし、さらにもう一歩進めて考えると、もっと気軽に相談できる、もしくはわざわざ相談しなくても、ホームページなどで十分に疑問が解消できることが望ましい状況です。
　具体的には、ホームページ、パンフレット等の各種印刷物の内容が充実していることはもちろんのこと、動画、ロボットチャットの活用が考えられます。どうしても、事業所の職員に対して直接相談する必要がある場合であっても、来所せずに専用回線による電話相談、WEB相談の体制があると事業場にとっては非常に便利になります。
　第二に、本庁と事業所との間で、円滑な連携体制が構築されていることです。本庁は、事業所に対して十分な情報提供を行うとともに、事業所からの質問については、できるだけ速やかに回答

するようにします。こうした本庁からの回答や情報提供は、B 事業所に限らずすべての事業所に関係しますので、非常に重要です。

　同様に、事業所も事業場の意見や質問を本庁に伝えて、できるだけ生の声を本庁に知ってもらうように努める必要があります。また、事業所から提案を行うことも有効です。例えば、事例では本庁のホームページで事業場向けに周知を行っていますが、アクセスが集中すればサーバーに負荷がかかってしまいます。このため、各事業所のホームページを活用すれば負荷を低減できますし、また、各事業所が管轄する事業場の特徴に応じて、ホームページを改善するなどの工夫をすることもできます。

(4) 課題解決のため主任が行うこと

　以上を踏まえ、では主任として具体的にどのような行動をするのかをまとめておきましょう。主任は調整係長とも相談し、以下のようなことを行います。

①本庁との円滑な連携体制の構築

　現在、事業場からの質問に対して適切に対応できていません。このため、本庁と事業所との間で円滑な連携体制を構築することが必要です。具体的には、「質問については、○日以内に回答する」などの取り決めを行う、回答した内容についてはすべての事業所で把握できるように情報共有の仕組みをつくる、などを本庁との間でルール化することが考えられます。また、事業所から本庁に

対しても、単に質問するだけでなく、全事業所が活用できるＱ＆
Ａ集の作成やホームページの改善などの提案を行います。

　これにより、情報が双方向になり、円滑な連携体制を構築する
ことができます。本庁は、事業所を通して事業場の意見を把握す
ることができます。事業所も、すべての事業所が同時に情報を得
ることができるようになります。

②相談体制・広報体制の充実

　現在、「相談しても職員が答えられない」との苦情があります
ので、事業所職員の相談スキルの向上が必要です。そのためには、
マニュアルの作成、研修の実施、共有フォルダの活用による情報
の共有化などが必要となります。また、相談については、事業場
の立場から、コールセンターの設置、ＷＥＢ相談・チャットボッ
トの導入などについても検討します。

　広報体制の充実については、事業所ホームページの活用、動画
の作成などについて本庁との間で調整を行います。また、管轄す
る地域の特性に応じた広報ができれば、事業場にとっても有益で
す。このため、パンフレットなどの各種印刷物などについても、
事業所独自で作成できるかの検討も必要となります。

③説明会開催に向けた準備

　事例には、事業所が今後説明会を開催することが記されていま
すので、その準備を行う必要があります。このため、日時、会場、
内容などについて検討します。

　ただし、多くの事業場が参加することを踏まえると、調整係だ

けでは人員が不足する可能性もあります。このため、環境係にも
協力してもらい、事業所全体で取り組む体制を構築する必要があ
ります。そのためには、両係による連絡会議などを開催します。

20 テレワーク勤務への対応

事　例

　管内のスポーツ施設の管理・運営を行っ
ている A 事業所には庶務係と事業係があり、
それぞれ係は係長を含め 6 人体制で、所長
を含めると事業所は 13 人となる。あなたは
4 月に庶務係の主任として配属された。庶
務係は、事業所の予算、経理、契約、勤怠
等の他、事業所全体の調整も行っている。
また、新型コロナウイルス感染症の影響に
より、昨年からテレワークが導入され、各
係とも毎日 2 人がテレワーク勤務となって
いる。

　6 月のある日、事業者から電話が入り、「先
月納品した備品の代金は、昨日入金される
と聞いていた。しかし、銀行に確認したと

ころ、まだ入金されていない。どうなっているのか」との苦情の電話が入った。調べてみると、庶務係の新人職員が手続きを忘れてしまい、放置していたことが後に判明した。

　その職員に手続きを忘れた理由を尋ねると、「ペアで業務を行っている職員に事務を引き継ぐのを忘れてしまった。その職員と同日に職場に出勤することが少なく、なかなかコミュニケーションが取れない」とのことであった。後日、係長が事業者に事情を説明して謝罪したところ、何とか了解を得ることができた。

　しかしながら、所長から「このままの状態では、またミスが発生し、住民や事業者に迷惑をかけることになる。テレワーク勤務であっても、きちんと事務を執行できる体制を構築してほしい」との話が、庶務係長とあなたにあった。

　あなたは、主任としてどのように対応しますか。

◎事例から読み取れる事実は？

○あなたは何が問題だと思いますか？

□あるべき職場の姿は？

■あなたは主任としてどのように対応しますか？

(1) 事例から読み取れる事実

まず、この職場の状態について、事例から読み取れる事実を整理すると、次の5点にまとめられます。

①テレワークが導入され、係の職員全員が同時に職場に出勤する日がない

②事業者から、指定された期日に入金されていないとの苦情が入った

③入金されていない理由は、新人職員がペアで業務を行っている職員に、事務を引き継ぐのを忘れていたためだった

④係長が事業者に謝罪し、了承を得た

⑤所長から、テレワーク勤務であっても、きちんと事務を執行できる体制を構築してほしい、との話があった

(2) 問題点の抽出 (解決すべき事項)

次に、この事例における問題点とは何でしょうか。

第一に、業者への支払いが期日に行われなかったことです。これは、行政の信頼を失墜する事態です。では、なぜ支払いができなかったのかと言えば、業務の進捗状況を係全体で共有できてい

ないことが指摘できます。

　事例では、新人職員が業者への支払事務を忘れてしまい、期日までに支払うことができませんでした。これは、この支払事務を新人職員が抱えてしまったためです。係長を含め、他の庶務係の職員は、事業者から苦情が入るまでそのことを知りませんでした。つまり、業務が属人的になっていることを示しています。

　当然のことながら、各職員には事務が割り振られており、各自が様々な業務を分担しています。しかし、そうした事務分掌と「担当職員以外は、その業務の状況について把握していない」とは別のことです。業務は個人で行うものでなく、組織で行うものです。もちろん、係長は係業務の進捗状況を把握しておくべき職責ですが、係長だけがすれば良いというわけではありません。もし、係長がその確認を怠れば、やはりミスが発生してしまいます。

　第二に、職員間でのコミュニケーションに問題があるということです。新人職員が「その職員と同日に職場に出勤することが少なく、なかなかコミュニケーションが取れない」と言っているとおり、事例では職員間でのやり取りが円滑でないことがわかります。これは、新人職員に限ったことでなく、職場全体の問題であることが、所長の発言からもわかります。

　事例では、テレワークが導入されており、係の職員全員が同時に職場に出勤することはありません。職場にいれば、気軽に聞けるような内容であっても、こうした状況ではそれも難しくなっています。しかし、だからと言って円滑なコミュニケーションは構築できないとあきらめるわけにはいきません。テレワーク勤務であっても、職員間でコミュニケーションが確保できるようにする

必要があります。

(3) あるべき職場の姿

　では、この職場のあるべき姿とはどのようなものでしようか。

　第一に、すべての職員が係業務の進捗状況について把握できる仕組みがあることです。業務を属人化せず、「誰でも、いつでも、業務の進捗状況がわかる」というものがあれば、事例にある「期日までに支払いがされない」というような状況はなくなります。これは業務の「見える化」とも言えます。各職員が行っている業務の状況を可視化できれば、誰もが一目瞭然で係の状況が把握できるようになります。

　この「見える化」は、進捗状況の把握だけでなく、他の場面でも活用できます。例えば、新人職員が事業者から提出された請求書を自分の机にしまったままにしておき、そのまま放置していたら、いつまで経っても支払事務は行われません。それは、請求書を新人職員が受け取ったことを他の職員が知らないからです。これも、業務が属人化している例と言えます。

　こうした状況を避けるためには、業務フローをマニュアル化しておくことが考えられます。請求書受領から支払事務終了までの業務フローについて、共有ファイルに処理日を入力することをマニュアルで決めておけば良いわけです。このようにマニュアル化は、業務フローの「見える化」になります。

　第二に、テレワーク勤務の環境においても、円滑なコミュニケーションを確保できることです。物理的に職場に全員が揃うこ

とはなくても、職員の間で気軽にやり取りできることが求められます。この方法として、いくつか考えられます。

　例えば、WEB会議の開催です。職場に出勤している職員とテレワーク勤務の職員のいずれもが参加できるWEB会議であれば、係の全員が参加することができます。朝のミーティングをWEB会議で実施すれば、一日一度は全員が顔を合わせることになります。そうすれば、係長会の内容など、全職員に対して一度に周知できますし、各職員から業務の状況などを報告してもらえば、双方向のやり取りが可能となります。

　また、パソコン内の共有掲示板の活用も考えられます。これは、係の共有フォルダの中に、掲示板のファイルを作り、そこにいつでも書き込めるようにしておくものです。この掲示板があれば、職員はいつでも誰でも読み・書きができます。同様の機能があるメッセージアプリを活用することも考えられます。

(4) 課題解決のため主任が行うこと

　以上を踏まえ、では主任として具体的にどのような行動をするのかをまとめておきましょう。主任は庶務係長とも相談し、以下のようなことを行います。

①進捗管理ファイルの作成

　まずは、進捗管理ファイルを作成します。このファイルは、各職員が担当する業務の進捗状況が一目でわかるものです。日々、職員にこのファイルに進捗状況を入力してもらいます。これによ

り、係全体で係業務の進捗状況が把握できるとともに、業務の遅れなどがあった場合には、すぐにフォローすることが可能となります。

主任としては、このファイルが係内で十分に活用されるために、他の職員の意見などを聞きながら、入力しやすい、見やすいファイルとなるように工夫することが求められます。また、いつの時点で入力するのかなど、ファイル活用のルールも決めます。

これにより、業務の属人化を避けることができ、組織全体で業務の進捗管理が可能となります。

② WEB 会議の開催

次に、WEB 会議を開催します。始業早々に行うこととし、職場に出勤している、テレワーク勤務をしているかを問わず全員参加とします。この中で、係長からの連絡事項の周知はもちろんのこと、各職員からも報告事項などがあれば伝えてもらいます。また、今後のスケジュールの確認なども併せて行います。

WEB 会議では、司会を輪番制にするなどして、職員の資質向上にも役立てます。また、研修報告、事務改善の提案なども行うようにすれば、単に報告だけでなく議論も可能となります。
これにより、テレワーク環境であっても、職員間のコミュニケーションを促進することができます。

③新人職員へのフォロー体制の構築

さらに、新人職員へのフォロー体制を構築します。WEB 会議でも、ある程度のコミュニケーションの確保ができますが、ペア

で業務を行っている職員となかなかコミュニケーションが取れないとの訴えがあります。このため、新人職員が出勤した場合、ペアの職員以外の職員でも適切な指導ができる体制を構築します。具体的には、新人職員の指導計画を作成して係で共有し、誰でもフォローができるようにします。

　また、共有フォルダ内に掲示板ファイルを作成し、いつでも誰でも書き込めるようにします。新人職員も何か問題があれば、そこに入力してもらい、他の職員がすぐにフォローできるようにします。

　これにより、新人職員に対してこれまで以上のフォローをすることができ、適切な指導が可能となります。

［主任論文試験にバッチリ！］

増補版 職場事例で学ぶ 課題解決
自治体職員仕事の作法 ［主任編］

2021 年 11 月 15 日　　初版　発行

　　著　者　　自治体人材育成研究会
　　発行人　　武内　英晴
　　発行所　　公人の友社
　　　　　　　〒 112-0002　東京都文京区小石川 5-26-8
　　　　　　　ＴＥＬ０３－３８１１－５７０１
　　　　　　　ＦＡＸ０３－３８１１－５７９５
　　　　　　　Ｅメール　info@koujinnotomo.com
　　　　　　　ホームページ　http://koujinnotomo.com/

ISBN 978-4-87555-871-2